U0597664

纸上博物馆

爱因斯坦：思想的快乐

EINSTEIN
LA JOIE DE LA PENSÉE

［法］弗朗西斯·巴里巴尔　著
莫兰　译

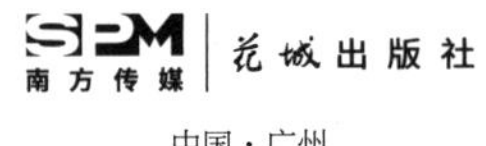

中国·广州

图书在版编目（CIP）数据

爱因斯坦 ： 思想的快乐 / （法） 弗朗西斯·巴里巴尔著 ； 莫兰译. -- 广州 ： 花城出版社， 2025. 4.
（纸上博物馆）. -- ISBN 978-7-5749-0421-7

Ⅰ. K837.126.11

中国国家版本馆CIP数据核字第2024Z4037E号

著作权合同登记号 图字：19-2024-327 号

出 版 人：张 懿
项目统筹：刘玮婷 林园林
责任编辑：张 旬
特邀编辑：吴福顺 沈 韬
责任校对：衣 然
技术编辑：凌春梅 张 新
封面设计：刘晓昕
版式设计：万 雪

书　　名 爱因斯坦：思想的快乐
AIYINSITAN: SIXIANG DE KUAILE
出版发行 花城出版社
（广州市环市东路水荫路11 号）
经　　销 全国新华书店
印　　刷 天津睿和印艺科技有限公司
（天津市武清区大碱厂镇国泰道8号）
开　　本 710 毫米 × 1000 毫米　16 开
印　　张 12.25　　1插页
字　　数 188,000 字
版　　次 2025 年 4 月第 1 版　2025 年 4 月第 1 次印刷
定　　价 78.00 元

如发现印装质量问题，请直接与印刷厂联系调换。
购书热线：020-37604658　37602954
花城出版社网站：http：//www.fcph.com.cn

用相对论解释宇宙：
阿尔伯特·爱因斯坦的手稿

可以肯定的是，世界是理性的，或者至少是可被理解的，这一信念——类似于宗教情感——是所有较为复杂的科学工作的基础。这种信念构成了我的上帝观，斯宾诺莎的上帝观也是如此。

阿尔伯特·爱因斯坦
《论科学真理》，1929 年

Die hauptsächlichen Gedanken der Relativitätstheorie.

Fragt einen klugen, aber nicht gelehrten Mann, was Raum und Zeit seien, so wird er vielleicht so antworten. Wenn wir alle körperlichen Dinge, alle Sterne, alles Licht aus der Welt fortgenommen denken, dann bleibt so etwas wie ein ungeheures Gefäss ohne Wände übrig, das eben als „Raum" bezeichnet wird. Es spielt gegenüber dem Weltgeschehen dieselbe Rolle wie die Bühne zur Theatervorstellung. In diesem Raum, diesem wandlosen Gefäss gibt es ein ewig gleichmässig ablaufendes Tik-Tak, das allerdings nur Geister, diese aber überall vernehmen können, das ist die Zeit. Diese Auffassung vom Wesen von Raum und Zeit hatten die meisten Naturforscher ~~in der Hauptsache~~ bis auf unsere Tage, wenn sie derselben auch keinen so kindlichen Ausdruck gaben, als wir es eben der Einfachheit wegen getan haben.

Auf Grund dieser Auffassung ist man geneigt, Aussagen von folgender Art einen unmittelbaren Sinn zuzugestehen: Zwei Ausbrüche des Vesuv fanden zu verschiedener Zeit, aber an demselben Orte statt (nämlich am Krater des Vesuv). Das Aufleuchten zweier entfernter „neuer Sterne" findet zu derselben Zeit aber an verschiedenen Orten statt. Seit Langem weiss man, dass die Aussagen der ersten Art (über die Gleichörtlichkeit) keinen Sinn haben. In der That dreht sich ja die Erde um ihre Achse, bewegt sich dabei um die Sonne, und bewegt sich mit dieser noch obendrein nach dem Sternbilde des Herkules hin. Man kann also doch nicht ernsthaft behaupten, dass beide Ausbrüche des Vesuvs an demselben Orte des Weltalls stattgefunden hätten. Man sieht an diesem Beispiele leicht, dass wir derartigen Aussagen über Gleichörtlichkeit überhaupt keinen Sinn beimessen können. Wir können nur sagen: die beiden Ausbrüche des Vesuv fanden an demselben

(2)

Orte inbezug auf die Erde statt. Die Erde spielt in dieser Aussage die Rolle eines „Bezugskörpers"; örtliche Aussagen haben nur dann einen Sinn, wenn sie auf einen Bezugskörper bezogen werden.

Im Gegensatz scheinen aber Aussagen über Gleichzeitigkeit, überhaupt über Zeiten einen Sinn zu haben, unabhängig von jedem Bezugskörper. Man ist zunächst geneigt, einen Menschen für geisteskrank zu erklären, der behauptet, die Aussage vom gleichzeitigen Aufleuchten zweier Sterne hätte keinen bestimmten Sinn, wenn man nicht einen Bezugskörper aufweise, auf den sich die Aussage über Gleichzeitigkeit beziehen solle. Und doch ist die Wissenschaft durch die überzeugende Gewalt von Erfahrungsthatsachen dazu gezwungen worden, dies zu behaupten. Wie kam dies?

Zu diesem seltsamen Ergebnis führten die Erfahrungen über die Ausbreitung des Lichtes. Auf Grund vieler Experimente kamen die Physiker zu der Überzeugung, dass sich das Licht im leeren Raume mit der Geschwindigkeit $c = 300\,000$ km pro Sekunde fortpflanze, und zwar ganz unabhängig davon, mit welcher Geschwindigkeit der Körper bewegt ist, welcher das Licht aussendet. Man denke sich etwa einen Lichtstrahl, den die Sonne in einer bestimmten Richtung aussendet. Derselbe legt nach dem eben ausgesprochenen Gesetz pro Sekunde den Weg c zurück. Man denke sich nun, dass die Sonne dem Lichtstrahl einen Körper nachschleudere, der sich in derselben Richtung mit der Geschwindigkeit 1000 km durch den Weltraum bewegt. Dies ist leicht zu denken. Nun können wir uns den abgeschleuderten Körper ebensogut als Bezugskörper gewählt denken und fragen uns: mit was für einer Geschwindigkeit pflanzt

(3)

sich der Lichtstrahl fort für das Urteil eines Beobachters, der nicht auf der Sonne, sondern auf dem abgeschleuderten Körper sitzt? Die Antwort scheint einfach. Wenn der ausgeschleuderte Körper dem Licht mit 1000 km Geschwindigkeit nacheilt, so kommt der Lichtstrahl gegen diesen um 299000 km in der Sekunde voraus. Ebenso wäre es, wenn der Lichtstrahl nicht von der Sonne, sondern von dem ausgeschleuderten Körper ausgesandt würde; denn wir wissen ja dass die Lichtgeschwindigkeit nicht vom Bewegungszustand der Lichtquelle abhängig ist.

Dies Ergebnis macht misstrauisch. Sollte in der Tat Licht vom abgeschleuderten Körper aus betrachtet wirklich anders ausbreiten als von der Sonne aus. Sollten die Gesetze der Lichtausbreitung abhängen vom Bewegungszustande des Bezugskörpers? Dann würde es in der Welt etwas wie absolute Ruhe geben; denn man könnte so argumentieren. Inbezug auf beliebig bewegte Bezugskörper (hier der ausgeschleuderte Körper) pflanzt sich das Licht mit einer verschiedenen, und zwar von der Richtung abhängigen Geschwindigkeit fort. Dann gäbe es Bezugskörper von ganz bestimmtem Bewegungszustande, inbezug auf welche sich das Licht mit der nach allen Richtungen gleichen Geschwindigkeit c fortpflanzt. Solche Bezugskörper würden wir mit gutem Rechte als absolut ruhend bezeichnen können (in unserem Überlegungsfalle die Sonne). Gibt es wirklich solche absolute Ruhe im physikalischen Sinne? Hängen die Naturgesetze wirklich vom Bewegungszustande des Beobachters bezw. des Bezugssystems ab, wie es die obige Überlegung über die Lichtausbreitung zu fordern scheint?

Die Erfahrung spricht dagegen. Wenn wir uns in einem [illegible] ungsfrei fahrenden Eisenbahnwagen befänden, müssten wir nicht das Fahren des Wagens. Alle physikalischen Experimente gelingen in einem solchen Wagen genau mit gleichem Erfolge wie in einem gegen die Erde ruhenden Hause. Die physikalischen Experimente, welche wir auf der Erde anstellen, zeigen keine Wirkungen der Bewegung an, welche die Erde mit allen auf ihr befindlichen Gegenständen ausführt. Allgemein: Die Naturgesetze sind unabhängig vom Bewegungszustande des Bezugskörpers. Diesen Erfahrungssatz bezeichnet man kurz als Relativitätsprinzip. Aber nun scheint nach einer einfachen Überlegung folgen zu [illegible], dass bezüglich der Gesetze der Lichtfortpflanzung das Relativitätsprinzip nicht gelte; wie steht es damit in Wahrheit? Der Amerikaner Michelson bewies vor mehr als 40 Jahren durch sein berühmtes optisches Experiment, dass das Relativitätsprinzip auch für die Lichtausbreitung gilt, also in einem Falle, in dem die Theorie einen Einfluss der Erdbewegung auf den Verlauf des Experimentes [illegible] ließ.

Die Überlegung musste also einen Fehler enthalten. Das Gesetz der Lichtausbreitung ist genau das gleiche, ob man die Sonne oder den abgeschleuderten Körper als Bezugskörper wählt. Der Lichtstrahl legt sowohl gegenüber der Sonne als auch gegenüber dem von ihr mit 1000 km abgeschleuderten Körper 300000 km per Sekunde zurück. Wenn dies unmöglich scheint, so beruht dies nur auf der falschen Hypothese von dem absoluten Charakter der Zeit. Die Gleichzeitigkeit von der Sonne aus beurteilt ist [illegible] dem ausgeschleuderten Körper aus beurteilt.

Es gibt in der Welt kein überall hörbares Tik-Tak, was [illegible] könnte. Wenn die Physik von der Zeit [illegible] soll, so muss sie dieselbe erst definieren [illegible] zeigt sich, dass man für diese Definition [illegible] des Bezugskörpers bedarf, und dass die Definition [illegible] auf diesen gewählten Bezugskörper Sinn hat. Es zeigt weil, dass man inbezug auf einen Bezugskörper die Zeit so definieren kann, dass inbezug auf die definierte Zeit das Gesetz von der Lichtgeschwindigkeit gültig ist. Diese Definition der Zeit lässt sich für Bezugskörper beliebigen Geschwindigkeitszustandes durchführen. Aber es zeigt sich, dass die Zeiten verschiedener bewegter Bezugskörper nicht miteinander übereinstimmen. Man findet dies genauer begründet in meinem gemeinverständlichen Buch über Relativitätstheorie ( ). Sind zwei an verschiedenen Orten stattfindende Ereignisse von einem Bezugskörper aus beurteilt gleichzeitig, so sind sie es nicht, von einem relativ zu diesem bewegten Bezugskörper aus beurteilt.

Bevor ich in dem Gedankengang fortfahre, muss ich etwas sagen über die Rolle, die der Bezugskörper in der Mechanik Galilei's und Newtons spielt. Überhaupt muss ich bemerken, dass es in der Entwicklung der Wissenschaft nur ein Aufbauen, aber kein Niederreissen gibt. Wenn nicht eine Generation auf das von der früheren Erarbeitete aufbauen kann, gibt es keine Wissenschaft. Es wäre traurig, wenn die Relativitätstheorie die bisherige Mechanik stürzen müsste, so ähnlich, wie ein tyrannischer Herrscher den andern stürzt. Die Relativitätstheorie ist nichts anderes als ein weiterer Schritt in der Jahrhunderte alten Entwicklung unserer Naturwissenschaft, der die bisher gefundenen Zusammenhänge aufrecht erhält und vertieft und neue hinzufügt. Die Relativitätstheorie stürzt so wenig die Newton'schen und Maxwell'schen Theorien um wie der Völkerbund diejenigen Staaten vernichtet, die ihm beitreten. Sie müssen sich wohl einige Modifikationen ihrer Gesetze gefallen lassen, erlangen aber dafür erhöhte Sicherheit.

Im Alltagsleben dient uns die Erde meist als Bezugskörper, deren einzelne Punkte wiedererkannt werden können. Die mathematische Physik wählt als Bezugskörper (Koordinatensystem) drei von einem Punkt ausgehende, aufeinander senkrechte (geradlinige) Stäbe. Die Lage eines Punktes zu diesem Stabgerüst wird durch drei Zahlen (Koordinaten) beschrieben, die durch Messung mit starren Stäben (Maßstäben) gewonnen werden. Dabei wird angenommen, dass die Gesetze der Lagerung starrer Körper durch Euklids Geometrie richtig beschrieben seien. Auf dieser Voraussetzung beruhen alle Ortsangaben der bisherigen Physik. Wo auch ein Punkt gelegen sein mag, immer kann man das Stabsystem und die Messkonstruktionen so vollständig denken, dass sie an den betrachteten Punkt heranreichen. Man muss dies so ähnlich denken, wie ein Baugerüst, mit dem man bis zu jedem Türmchen und Erkerchen eines noch so grossen Baues herankommt. Dabei ist es in der Physik nicht nötig, dass dieses Gerüst wirklich bestehe, wenn man es nur durch indirekte Operationen (mit Lichtstrahlen etc.) konstruiert denken kann.

Die mechanischen Grundgesetze Galileis und Newtons sind nun so beschaffen, dass sie nicht gegenüber beliebig bewegten Bezugskörpern Gültigkeit beanspruchen können, sondern nur gegenüber Bezugskörpern von geeignet gewähltem Bewegungszustande. Man nennt solche in der Mechanik zugelassene Bezugskörper „Inertialsysteme". Es gilt nun in der Mechanik der Satz: Ist der Bezugskörper K ein Inertialsystem, so ist auch jeder gegenüber K gleichförmig, geradlinig und drehungsfrei bewegte Bezugskörper ein Inertialsystem. Einfacher gesagt: gelten die mechanischen Gesetze gegen den Erdboden als Bezugskörper, so gelten sie auch gegen einen gleichförmig fahrenden Eisenbahnwagen als Bezugskörper.

Nun kann ich das vorhin vom Licht Ausgeführte in die einfache Formel fassen: Relativ zu jedem Inertialsystem gilt – bei richtiger Definition der Zeit – der Satz von der Konstanz der Lichtgeschwindigkeit im leeren Raume. Allgemeiner kann man als den Ausdruck vielfacher Erfahrung den Satz betrachten: ~~Alle Inertialsysteme sind~~ Die Naturgesetze sind für alle Inertialsysteme die gleichen. Dieser Satz heisst „spezielles Relativitätsprinzip".

Dass dieser Satz eine neuartige physikalische Forschungsmethode in sich schliesst, kann man folgendermassen einsehen. Angenommen, man habe die Welt bzw. die sie bildenden Einzelereignisse in bezug auf ein Inertialsystem beschrieben, so ist der beobachtete Ablauf ~~von einem andern Inertialsystem aus betrachtet~~ zwar ein anderer, aber doch vollkommen bestimmt. Der ~~[illegible]~~ lässt allgemeine Regeln ausgerechnet, nach welchen man Ort und Zeit der einzelnen Ereignisse von einem Inertialsystem ins andere umrechnen kann. Man kann so offenbar nicht nur die Einzelereignisse umrechnen sondern auch die mathematisch formulierten Naturgesetze. Das spezielle Relativitätsprinzip verlangt nun von diesen, dass sie sich bei jener Umrechnung nicht ändern. Haben sie diese Eigenschaft nicht, so sind sie nach dem speziellen Relativitätsprinzip zu verwerfen. Die Naturgesetze müssen dem speziellen Relativitätsprinzip angepasst werden."

Bei diesen Untersuchungen zeigte es sich zuerst, dass Newtons Mechanik einer Modifikation bedarf, wenn es sich um äusserst rasche Bewegungen handelt, genauer gesagt um Bewegungen, deren Geschwindigkeit gegen die Lichtgeschwindigkeit nicht verschwindend klein ist. Ferner zeigte es sich, dass die Trägheit eines Körpers keine ihm eigentümliche Konstante ist, sondern dass die Trägheit vom Energieinhalt abhängig ist. Masse und Energie sind wesensgleich.

目 录

Contents

LA PASSION DE COMPRENDRE

第一章
理解的激情

“对于像我这样的人，当我们逐渐不再只关心个人的、一时的事情，而把我们所有的努力都投入对事物的理性理解上时，我们的人生就产生了一个决定性的转折。在我们的生命历程中，重要的是我们在思考什么以及如何思考，而非我们的经历和作为。”

“在我看来，舒适和幸福从来不是我的人生目标。我少时就鄙视财产、奢侈和浮于表面的成功。”

他早熟的深度思考表现在他重复每句话的奇怪方式上——只是动一下嘴唇。

——马娅·爱因斯坦，

《爱因斯坦文集》

1895年初，在一列从慕尼黑开往米兰的火车上，一位16岁的年轻人正在思考着自己的前景。他刚刚从父母为他申请的高级文法中学退学并前往意大利，计划着与父母会合。他的这一决定并不草率，他知道如果不参加几个月后的中学毕业考（他几乎肯定会通过），将会永远失去读大学的机会。他也深知自己的所作所为会让对他抱有深切期盼、希望他创造光荣事业的双亲感到失望和痛苦。

但任何合情合理的理由都无法消解他对于高中生活的厌恶，他早已无法忍受。有父母相伴时，他暂且可以忍受那里僵化且严格的教育制度所带给他的限制。但不久之后，由于德国时局动荡，他的父母决定带着他们的小女儿马娅先行离开慕尼黑，前往米兰，并将他们的儿子阿尔伯特留给一个热心殷勤的家庭照顾，直到他的学期结束。

1882 年我们全家搬到慕尼黑。（12 年后）这座别墅被卖给了一个企业家，他砍伐了那些老树。孩子们目睹了他们记忆的见证者被摧毁的场景。

——马娅 · 爱因斯坦，出处同前

你的存在损害了全班学生对老师的尊重

——一位中学老师对阿尔伯特·爱因斯坦说的话

在一个资产阶级的灵魂里藏着一个盒子，这个灵魂的主人自豪地向所有来访者展示着它，盒子上用书法写了四个字："爱国主义。"

阿尔伯特·爱因斯坦于1879年生于在普鲁士的支持下实现了统一的德国。数个世纪以来，德国仅仅作为一个地理区域，一个欧洲各国交战的战场而存在。

但在不到一代人的时间里——即到了爱因斯坦父母这一代，在德意志帝国首任宰相奥托·冯·俾斯麦的带领下，德国凭借工业的迅猛发展而崛起，成了一个富裕且强大的国家。然而这表面上的繁荣并不能掩盖其长期存在的宗教与地区之间的分裂这一历史问题，且工业迅猛发展所带来的社会冲突也愈演愈烈。只有依靠民族主义与军国主义的兴起，才能掩盖这些社会矛盾，维持德国的统一。

在俾斯麦统治时期，德国沉浸在对国家力量、哲学、文学和音乐（康德、歌德、席勒、贝多芬）的颂扬中。爱因斯坦的童年便是在这样的时代背景下度过的。而诸如培育国家精英的中等教育机构显然只能呈现当时独特的社会文化氛围。学校课程要求学生既要对德国经典文学烂熟于心，又要真正地掌握科学文化知识；既鼓励学生实现人格的平衡和谐发展，又要求学生严格服从准军事化的纪律。

正是这种威权主义和填鸭式教育的混合体，让年轻的爱因斯坦无法忍受。"这真是一个奇迹，"他后来写道，"现代教育事业还没有完全扼杀我对我宁愿忍受各种惩罚，也不愿学会死记硬背。

——于慕尼黑的中学（右图）

科学研究的神圣的好奇心。这脆弱的小树苗需要鼓励，最重要的是自由，否则它将枯萎。主张约束和责任感能引起孩子观察和探索的乐趣，这是一个严重的错误。一只健康的猛兽被人逼迫在不饥饿的时候进食，也会逐渐丧失食欲。”

爱因斯坦本早已厌恶学校这种军事化的管理，再加上一些老师对他的独立性思想表达出的厌恶情绪，让爱因斯坦终于无

赫尔曼·爱因斯坦离开学校时持有一份免服兵役的证明。这一规定有利于“上层”阶级的成员，他们的后代因此可以接受更好的学校教育，而不必与平民的子女共读。赫尔曼·爱因斯坦似乎对数学有浓厚的兴趣，并希望在这方面继续深造。然而他父母有限的资源无法满足他的愿望，所以他决定从商。也许这种天赋正源自父亲，后来在儿子的生命历程中开花结果。

——马娅·爱因斯坦，出处同前

法忍受，于 1895 年初动身前往意大利。而驱动他离开的另一个更合理的因素——逃避兵役，让他义无反顾地离开了 19 世纪 90 年代的德国。

爱因斯坦希望可以在高级中学学期结束前，及时取得瑞士国籍——这样他就不会被判定为逃兵。“有人听到音乐就能斗志昂扬地列队前进，就足以让我鄙视他。上天错误地给了他大脑，因为对他来说，拥有脊髓就已足够。”

19 世纪末，德国犹太人的经济和社会解放

爱因斯坦的父母看到他只身来到意大利，为他的勇气感到自豪的同时，又充满了深深的担忧：这个孩子难道不是在浪费他们年轻时无法获

妻子的嫁妆和事业的发展本应确保这对年轻夫妇过上无忧无虑，甚至繁荣富足的生活。如果赫尔曼留在乌尔姆市，他的儿子阿尔伯特就会拥有一个更加无忧无虑的青春……保利娜（爱因斯坦的母亲）出身于一个富有的商人家庭，天性幽默。她 17 岁结婚，很快就知道了现实生活的不易。她热爱音乐，钢琴弹得很动听。

——马娅·爱因斯坦，出处同前

取的良机吗？——一份在他大学毕业后能获得的，既有稳定收入，又能满足他对知识的探索欲的工作。阿尔伯特的父亲赫尔曼·爱因斯坦早年曾显现出独特的数学天赋，然而因为他是一名没有个人资产的犹太人，便失去了上大学的资格。

赫尔曼无疑是不愿放弃数学研究，转而投身于商业的，因此他希望他的儿子能从犹太人在德国得到提高的新地位中受益。

犹太人的经济和社会地位获得解放，并在俾斯麦领导的德国中迅速崛起，这是当时欧洲的重要历史事件之一。18 世纪末，伴随着法国大革命思想的传播，德国部分地区颁布了地方性法令，促成了部分犹太人的解放。直到 1869 年，生活在德国的犹太人才获得完全的解放。犹太人走出集中区、获得解放是一个缓慢但大势所趋、无法逆转的历史进程。

十年后，阿尔伯特·爱因斯坦出生，他也因此属于第一代的新德国犹太人，自出生起就拥有得到德国法律保障的权利。与此同时，由于政治的统一，资本主义在德国的发展呈现出惊人的速度。

这些刚刚获得解放的新德国犹太人，与旧特权阶层不同，他们没有后顾之忧，于是便积极地投身于德国资本主义经济的发展浪潮中，并迅速地占据了重要的经济地位。而这种社会进步往往以文化认同为标志，爱因斯坦的父母并非虔诚的犹太教徒，因此也沉浸于这种现代化的文化浪潮。他们确信，“反犹太主义”很快就会成为一段屈辱的回忆，德国犹太人和其他人都会平等地成为德国人。因此，他们产生了培养儿子从事资产阶级职业的愿望也就不足为奇了：对一个年轻的犹太男性来说，在社会获得成功的机会似乎从来没有像 19 世纪末那样多。然而世事无常！阿尔伯特·爱因斯坦这一代的德国犹太人后来经历了反犹太主义的卷土重来，紧随其后的是纳粹主义掌权的时代，幸运的德国犹太人得以流亡他乡，而那些不幸的则惨死于集中营。

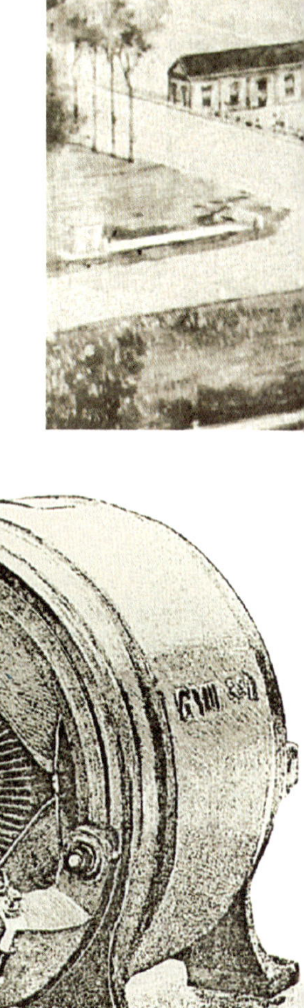

父亲是商人，叔叔是发明家

19 世纪 80 年代，正是德国经济腾飞的年代，尤其是爱因斯坦家族居住的巴伐利亚州，电气化如火如荼地进行着。1879 年，爱迪生发明的白炽灯已经进入家庭生活中，而工厂也成为电力

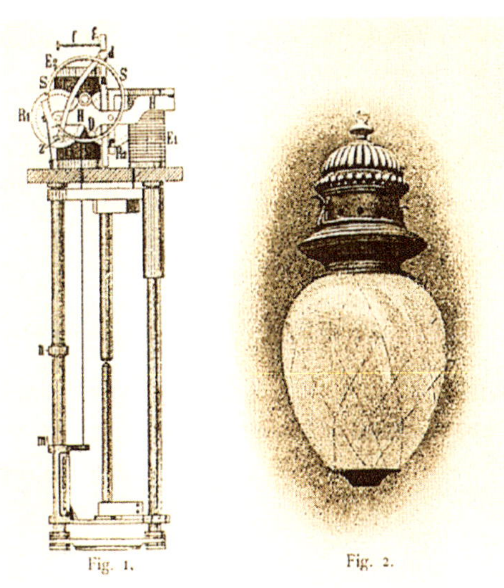
Fig. 1.　Fig. 2.

赫尔曼·爱因斯坦的弟弟雅各布后来对阿尔伯特的智识发展产生了一定的影响，他想在慕尼黑建立一个电气设备公司……他丰富的想象力使他想要大规模地生产他所发明的发电机（左图与上页图）——这需要一个更大的工厂（上图是坐落在帕维亚的工厂）和更充足的资金。全家人，特别是他的岳父尤利乌斯·科赫，都在经济上支持了他。

——马娅·爱因斯坦，
出处同前

“在理工学院，要想成为一个好学生，你必须有强大的理解能力，准备好把你的精力全部集中在你的课程上，并且热爱秩序。”

的主要消耗者。

赫尔曼·爱因斯坦的弟弟雅各布是具有新企业家精神的典型代表，他发明了一种发电机，并渴望将其商业化。赫尔曼·爱因斯坦在弟弟雅各布的帮助下，同意改行并建立自己的电气企业。但很不幸，要么是赫尔曼在数学和冥想方面比在经商方面更有天赋，要么是雅各布在思想方面缺乏整体性，因此这份事业从来没有真正开始过。

雅各布想出了一个绝妙的主意：德国的电气化已经太先进，而意大利的电气化进程才刚刚开始，因此他们最好在意大利碰碰运气。于是赫尔曼举家移民到米兰，然后又移民到帕维亚，将阿尔伯特留在了他悲惨痛苦的命运中。

1896 年：爱因斯坦就读于苏黎世联邦理工学院

“我们所推崇的，与其说是全面的学术能力，不如说是健康独立的思想。在学生看来，一位教授不是权威人物，而是一个具有独特个性的人。”

赫尔曼·爱因斯坦从事的电气化事业，在他儿子的一生中起到了至关重要的作用。由于爱因斯坦生活在一个重视技术和工业发展的环境中，他自愿放弃上大学的机会，想进入一所大型的工程类学院似乎是顺理成章的。苏黎世联邦理工学院，在形式和社会地位上可以与巴黎综合理工学院相媲美，但它不是一所军校，而且承担培养大学教师的任务。在爱因斯坦看来，这不仅是他发挥数学天赋和实现爱好的最佳选择，也是实现父

母对他的职业愿望的最佳机会，且这所学校的优势是不需要德国的中学毕业证书：学生是通过竞争进入的。因此，爱因斯坦决定为入学考试做准备，并以自由候选人的身份参加考试。

1895 年秋，爱因斯坦比考试资格中规定的最低年龄小了一年，因此通过豁免许可参加考试，但他失败了。爱因斯坦并没有因此而气馁，他在一所专门为入学考试做准备的补习学校就读了一学年。第二年，他通过了考试，进入了苏黎世联邦理工学院。在那里，他遇到了一位名叫米列娃·玛丽克的塞尔维亚裔女孩，和他一样是数学与物理专业的学生。一个年轻女孩能成为苏黎世联邦理工学院这样著名的工程学院的学生，这一事实必须追溯到 150 多年前——这所学校所奉行的发展女童教育的政策

米列娃·玛丽克是那些前往西欧学习的东欧女孩之一，她们过着比同时代的西方资产阶级妇女更解放的生活。同时代的西方资产阶级妇女只被允许在女子机构接受高等教育。米列娃·玛丽克是奥匈帝国一位塞尔维亚官员的女儿，她的老师注意到了她的天分，先是送她到一所男校完成高中学业，然后送她去了德国的海德堡，最后她和爱因斯坦同年进入苏黎世联邦理工学院。

远远超前于它所处的时代。苏黎世联邦理工学院是欧洲——也可能是全世界——第一所向女性打开校门的高等教育机构。

而巴黎综合理工学院直到20世纪70年代才允许男女共读！

阿尔伯特与米列娃彼此相爱，不久后就开始考虑成家立业。但爱因斯坦的家人强烈反对阿尔伯特娶一个比他大、跛脚，且从事如此非“女性化”工作的人——更糟糕的是，她不是犹太人。阿尔伯特与家人发生过几次严重的争执，他的母亲斥责阿尔伯特是将承受了巨大经济困难的父母逼上绝路。最终爱因斯坦心怀愤懑而屈服了。米列娃在1901年春天发现自己怀孕了，她回到父母家里生下了一个小女孩，但小女孩很快就下落不明，可能是在很小的时候就夭折了。米列娃回到苏黎世后，未能通过联邦理工学院的毕业考试，因此没能拿到文凭，也没有工作。

职业：伯尔尼专利局的技术审查实习生

1900年7月，爱因斯坦从欧洲最负盛名的学校毕业了。但他毕业后的求职生涯并不是特别顺利。他意识到，也许是因为他与苏黎世的一位教授发生了争执，导致他并没有如愿得到大学的助教职位，他感到非常失望。在接下来的两年里，他不得不从事各种不起眼的工作，其中从事家庭教师一职令他最为不快。

直到1902年6月，在苏黎世一位同学的父亲的推荐下，他才设法在伯尔尼专利局找到了一份稳定的技术审查工作。

一位伟大的科学家不得不做一份与他的能力相去甚远的工作，爱因斯坦早年的这一经历受到了很多批评。但爱因斯坦本人一直认为，如果他当时如愿在大学里找到了一份工作，那么他就会因为专注于备课和晋升，失去自由思考的时间。在专利局的技术审查工作对他来说很合适：他必须对设备的发明进行评估，这些需要审查的大部分是电力设备，这正是他的长处。到了晚上，他便可以在闲暇的时间里，自由地思索物理

“对我来说，为专利所做的起草工作是一种真正的幸福（上图，在伯尔尼专利局工作的爱因斯坦）。通常任何一个有天分的人都能胜任（这类）职业。他的日常生活不受灵感的变幻莫测的影响，也不必生活在担忧努力得不到回报的恐惧之中。”

学的深刻问题……

然而，人们很难想象爱因斯坦后来把 1899 年到 1905 年这段时期说成“美好的岁月”。在此期间，爱因斯坦同时面临失业、失去一个孩子和米列娃职业生涯的失败，更不用说与他父母的无数争执。直到 1902 年他的父亲赫尔曼·爱因斯坦去世，他才逐渐缓和与家庭的关系，也得以与米列娃结婚。

“正是在这些年的学习中，我和我的一个同学马塞尔·格罗斯曼（上图左数第一位）建立了牢固的友谊。我们会气宇轩昂地去利马特码头的大都会咖啡馆……有一次，他以他独特的迷人方式对我说道：‘在我的物理学习生涯中，我确实学到了一些基本的东西。以前，当我坐在椅子上，感觉到比我先坐在椅子上的人遗留的温暖时，我会感到厌恶。而现在不会了，因为物理学告诉我，热量是一种不具备人的属性的东西。’”

Privatstunden in
Mathematik u. Physik
für Studierende und Schüler erteilt
gründlichst
Albert Einstein, Inhaber des eidgen.
polyt. Fachlehrerdiploms,

格罗斯曼在爱因斯坦的一生中扮演了两个关键角色：1902 年帮助他在专利局找到工作；1912 年到 1913 年教会了他发展广义相对论所需的数学知识。

"1953 年，爱因斯坦回忆起青年时代创办的'不朽的奥林匹亚学院'时写道：'在你短暂的一生中，曾以孩童般的喜悦，愉快地培养了一切清晰而理性的能力。你的成员（哈比希特、索洛文和爱因斯坦，左图）创造了你来嘲笑你的那些端庄傲慢的姐妹们。多年后的观察让我确信当初这种嘲弄是多么地恰当。'"

思考是他的避难所

即便如此，我们不能忘记，在这段时间里，爱因斯坦奠定了他在 1905 年取得的辉煌成就的基础。因此我们可以假定——事实上他自己也多次证实了这一观点，他在思考的锻炼中找到了承受生活苦难的力量。爱因斯坦在 67 岁时，应一位美国出版商的请求，撰写了他的自传，讲述了他是如何“生性相当早熟”，使他在年轻时就意识到“希望和抱负的虚幻，它们驱使大多数人进入贪婪而无节制的生活旋涡”。

据爱因斯坦所言，他自小就认识到了这个世界的残酷和虚伪。他曾在宗教和一丝不苟的虔诚中找到了暂时的避难所，但他很快就放弃了——在阅读了科学著作后，他确信《圣经》中所写的不可能是真实的。后来在评论自己生命中的这一信仰宗教的阶段时，他补充道：“在我看来，年轻时的我迷失在宗教信仰中，是我做出的第一次尝试——把自己从一个完全被原始欲望、希望和感情所支配的个人宇宙的牢笼中解放出来。”

据我们所知，爱因斯坦（下图是爱因斯坦、米列娃和他们的长子汉斯·阿尔伯特·爱因斯坦）几乎没有父亲般的慈爱，或者可能没有努力培养这份父子之情。离婚后，他让米列娃独自照顾年幼的儿子爱德华，爱德华长期患病，爱因斯坦仅用诺贝尔奖的奖金确保他们的物质供养。他和长子汉斯·爱因斯坦之间的感情十分冷淡。

爱因斯坦似乎一生都在寻求保护自己，既免于世界难以忍受的残酷，也不困于生命的狭隘——生命完全是受他所说的原始情感所支配的。而寻找解开“独立于人类而存在的广阔世界”之谜的答案，为他提供逃避现实的堡垒。他在自传中写道：“对这个世界的沉思就像是对自由的召唤。”

有时候，他认为只有思想的快乐才能让人得到解脱。这像是一个公式，让人联想到贝多芬《第九交响曲》最后一首赞美诗的标题，但也可以被认为是他成功的座右铭，也是他所谓的“天才”的关键：“思想的快乐。”

LA PHYSIQUE EN CRISE

第二章
陷入危机的物理学

“物理学家们经过了一段时间的犹豫和怀疑，最终在麦克斯韦的理论下放弃了他们的信念，即现代所有的物理学都将建立在牛顿力学的基础之上。从那时起，物理学界有两种对立的基本观点并存：一是超距作用的概念，另一则是连续的场的概念。在这一过渡时期，物理学界缺乏统一的理论基础，物理学家不满足于这一现状，但又难以有所突破。”

狭义相对论只是对麦克斯韦理论系统的延续。

——《泰晤士报》，1919 年 11 月 23 日

一座正在崩塌的房屋

爱因斯坦在 20 世纪初开始他的科学生涯时，物理学正经历着一场危机。对一些物理学家来说，科学发展的停滞就像一场人生悲剧：统计力学的创始人路德维希·玻尔兹曼在 1906 年自杀，部分原因是他看不到物理学的出路，这种不安让他无法进一步思考。

在 19 世纪的物理学中，有两种理论并存：一种是力学，即研究物质机械运动规律的科学；一种是电磁学，即研究光线的科学。不幸的是，这两种理论在许多方面相互矛盾。爱因斯坦认为当时的物理学就像在一座房子上加盖另一座，这会加大建筑内部结构的压力，从而导致更加严重和宽大的裂缝，建筑师建议至少推翻其中一座，并在良好的地基上重建。

相对性原理

经典力学是由伽利略（1564—1642）所开启，并被牛顿（1642—1727）大大丰富的一门科学，它试图描述物体的运动规律，小到在烟雾中跳舞的一粒尘埃，大到绕太阳公转的行星，都被统称为“物体”。

经典力学所研究的便是包含了一定质量的物质对象。它是建立在相对性原理的基础上的，这一原理最早是由伽利略提出的，而不是人们常认为的爱因斯坦。经典力学的所有定律，特别是牛顿力学的三定律，都服从相对性原理。

根据这一原理，在以巡航速度匀速飞行的飞机上——当然，伽利略举的例子显然不能是飞机，而是船只，所有事情的运动方式会与飞机在地面上静止时的运动方式相同。因此，若飞机以恒定的速度直线飞行，仅通过观察机舱里发生的事情，就无法判断自己是否在飞行中。正如伽利略所说，飞机的运动“如同未动”，因为我们没有“感觉到”它。

牛顿早期著作中用拉丁文阐述的三个运动定律（左图），后来成为他的伟大著作《自然哲学的数学原理》（下图）中的一部分。

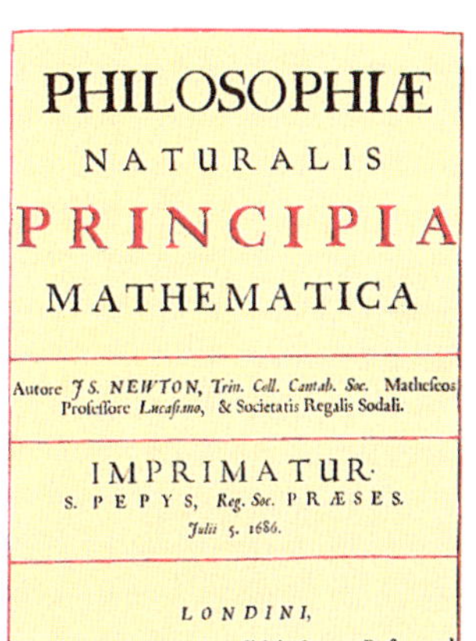
PHILOSOPHIÆ
NATURALIS
PRINCIPIA
MATHEMATICA

Autore JS. NEWTON, Trin. Coll. Cantab. Soc. Matheseos Professore Lucasiano, & Societatis Regalis Sodali.

IMPRIMATUR.
S. PEPYS, Reg. Soc. PRÆSES.
Julii 5. 1686.

LONDINI,
Jussu Societatis Regiæ ac Typis Josephi Streater. Prostat apud plures Bibliopolas. Anno MDCLXXXVII.

《自然哲学的数学原理》的另一部分是引力理论，它结合了牛顿三大定律，说明了行星的运动规律。

因此，没有感觉并不能证明一个人是静止的：一个人可以在不知不觉的情况下做匀速直线运动。在飞行中的飞机上，你相对于机舱是静止的，但相对于地面是运动的；地球相对于太阳是运动的；而太阳也不是静止的，它在银河系中也有一定的运动；等等。简而言之，没有什么物体是绝对静止的。

从一艘行驶中的船的桅杆上掉下来的石头会落在桅杆上吗？很多人会不假思索地说，石头会落在船尾。事实上，根据相对性原理，无论船是否行驶，实验的结果都是相同的，石头都会落在桅杆底部。对于码头上的观察者来说，这块石头呈现出一条抛物线；但对于坐在桅杆上的水手来说，这块石头则是垂直下落的。对于两个观察者来说，“实验”的结果是相同的。

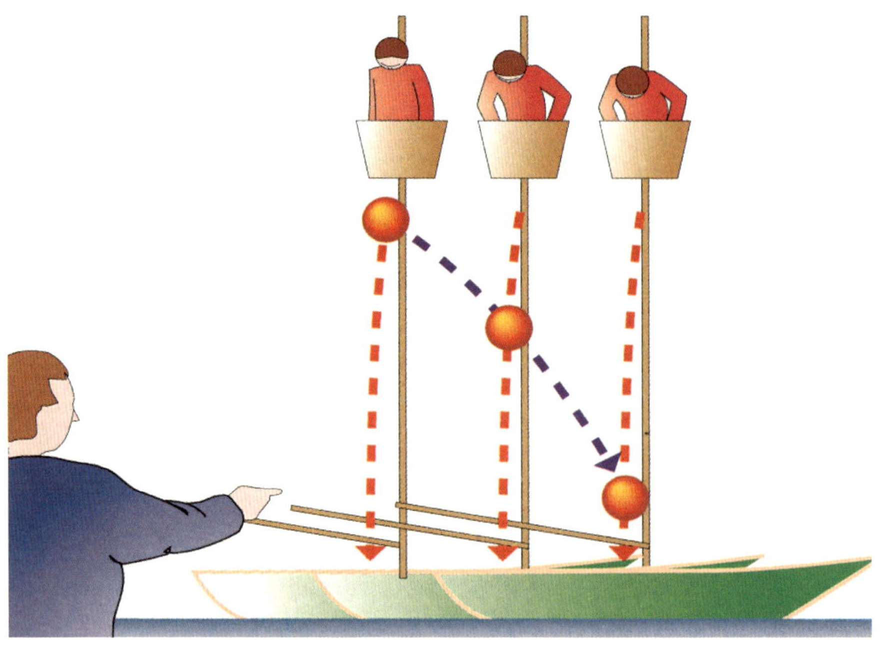

TRAITE
DE LA LVMIERE.
Où font expliquées
Les caufes de ce qui luy arrive
Dans la REFLEXION, & dans la
REFRACTION.

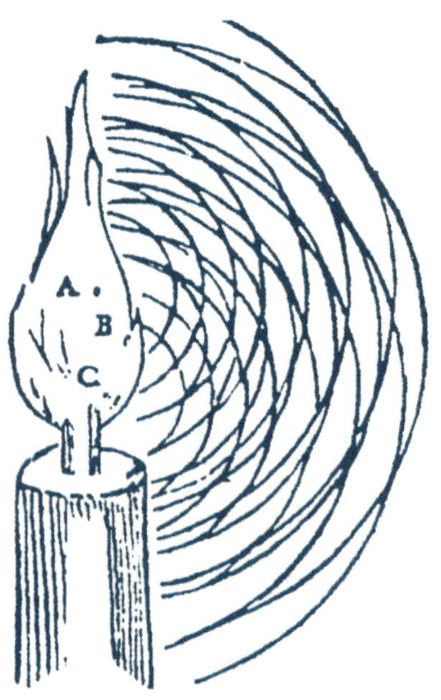

克里斯蒂安·惠更斯在他的《光论》（1690）中写道：“当我们看到一个发光的物体时，它并不像子弹或箭穿过空气那样，通过一种介质得以来到我们身边。”来自不同发光体的光会互相干扰。因此，光像波一样“延伸”，发光体的每一个点都产生波。“因此，在蜡烛的火焰中，以A、B、C三点为圆心的三组同心圆，可以代表来自这些点的波。”

第一个困难：麦克斯韦的以太

19世纪50年代，英国物理学家麦克斯韦提出了光理论（电磁学），这一理论让牛顿和他的后继者建造的物理大厦中出现了一道裂缝。

剑桥大学的三一学院（左图）是物理学圣地之一。牛顿于1660年到1665年在那里学习，而后在那里从事了20年的教学。直到今天，校园里的一棵苹果树仍然表明他进行炼金术实验的小屋的位置——这栋小屋后来被牛顿离奇地放火烧毁。150多年后的1850年，剑桥大学的学生詹姆斯·克拉克·麦克斯韦也进入了三一学院。

光理论用数学术语把光描述为“波”——光的传播方式就像在池塘里扔了一块鹅卵石，激起了池塘水面的波纹。不同的是，光不在水中传播，而是在“以太”中。

依据麦克斯韦的理论，我们必须想象，世界的每一个角落都充满了光传播所必需的介质——以太。那么以太由什么物质构成？它长什么样？它像水、空气或是玻璃吗？它有重量吗？是液体还是固体？有弹性吗？麦克斯韦的理论给出了一些模糊的答案：以太“毫无疑问”是无色的，它“可能”没有重量……像一种著名的英国果冻。

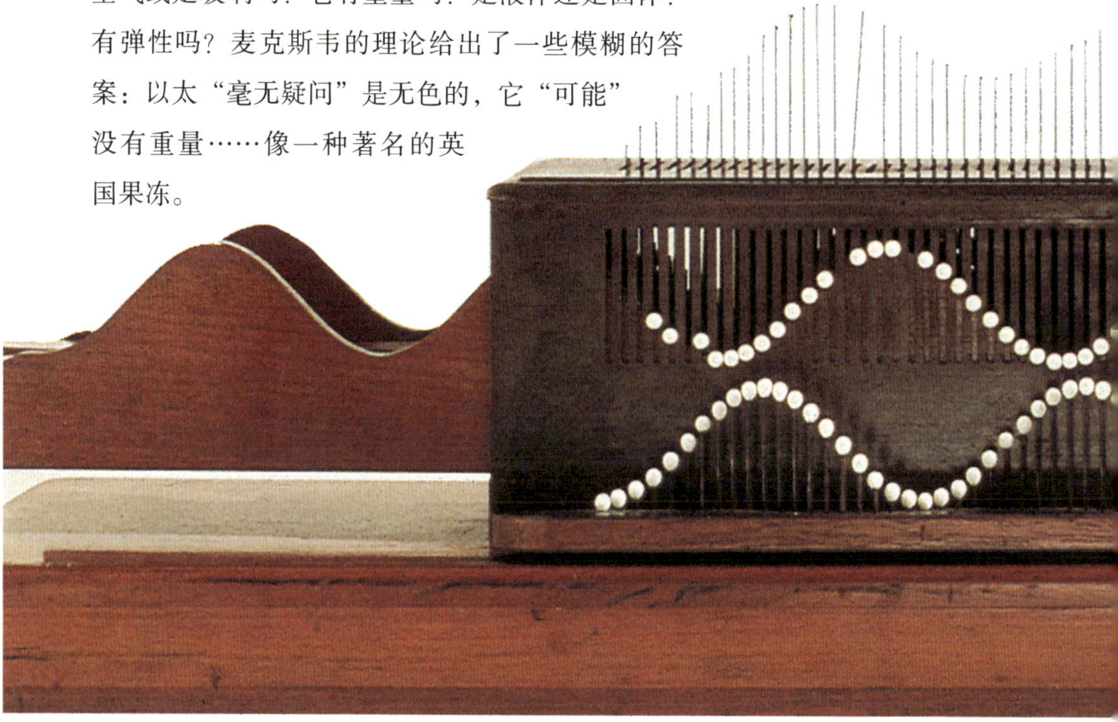

随着时间的推移，以太甚至被剥夺了它的所有物理性质，只保留了一个特性——绝对静止。然而这一特性又公然地违背了相对性原理。

在物理学中，一个原理是不存在例外的；否则，这一原理就必须被推翻。因此，在 19 世纪与 20 世纪之交，物理学家们在两难的困境中挣扎：他们如果接受了麦克斯韦的理论——他们怎么能不接受呢？这一理论与实验的结果完全一致，那么他们就必须接受光在一个绝对静止的以太中传播，也要因此放弃相对性原理，推翻经典力学。如果他们坚持相对性原理的正确性，不承认以太的存在，那么就是否定了光理论（电磁学），如此又要如何解释光的传播？

麦克斯韦毕生致力于用机械的方式解释光的传播，特别是用齿轮和齿轮组的模型。下图的模型是由他的门生查尔斯·惠斯通建造的。

第二个困难：连续与不连续的对立

一个更具哲学性的矛盾也困扰着当时的物理学家：如何调和连续和不连续这两个对立面？

如今众所周知——在 1900 年也有许多物理学接受了这一点：物质是由原子组成的，原子是构成物质的粒子，它们彼此结合在一起，构成了所谓的物质。这些原子就像沙粒一样，可以彼此分

如果以太存在且绝对静止，那么地球表面的光速就会因地球运动的方向不同而产生变化。迈克尔逊（下图）设计了一个干涉仪光学实验来揭示这种差异。实验的数据给出了一个否定的结果：不同方向上的光速是相同的——这使得以太绝对静止的假说不成立。

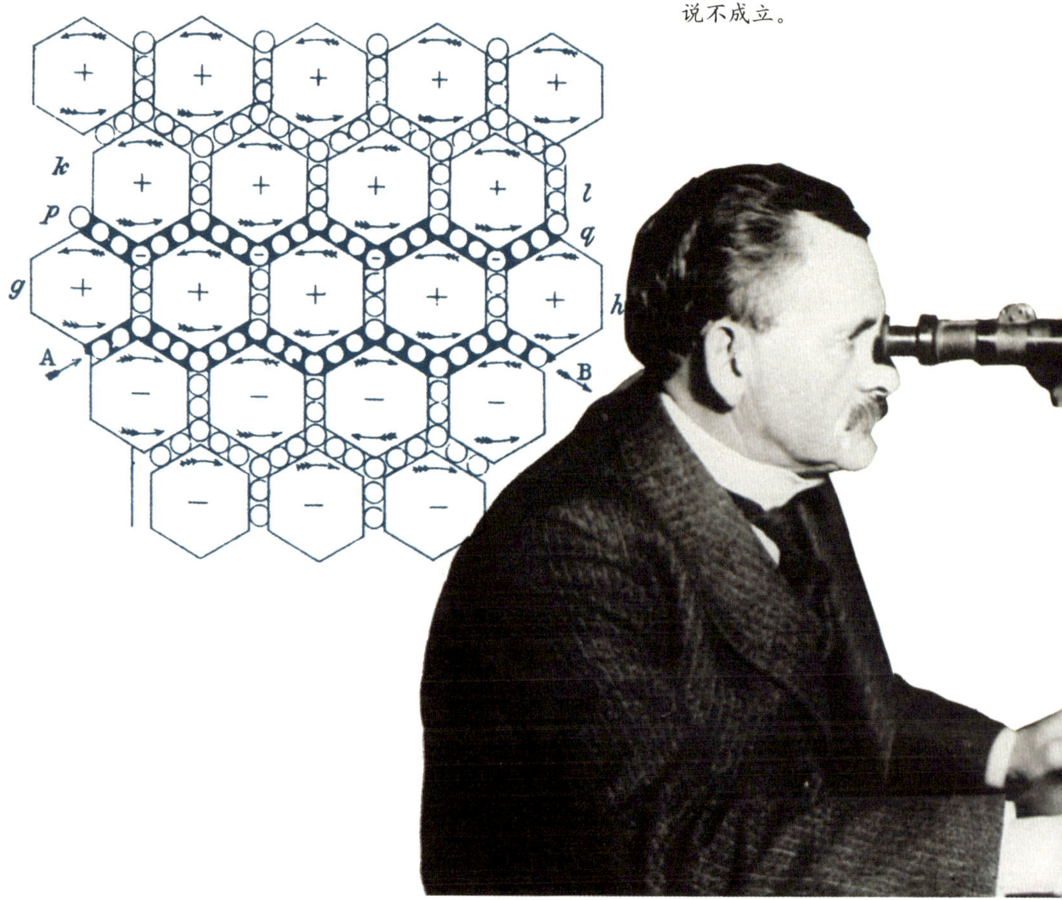

麦克斯韦（1831—1879）凭借着他的发现和研究方式，成为19世纪下半叶物理学界的主导人物。很早之前，他就是一种具有伟大前景的研究方法——“现实类比法”的拥护者。他认为在探索一个新的现象和领域时，由于对这个领域缺乏概念和描述语言，除了类比，别无他法。通过现实类比法，他证明了光的传播类似于某种介质的振动的传播，这种介质就是以太。但他并没有给出这种介质的构成物质，只是简单地描述了几种以太的模型。上页图即一种以太运作的模型，它将以太划分为不同的区域，在旋转过程中，不同的划分区域相互摩擦，确保振动能从一个点传递至另一个点。

开，并逐个计数——至少在原理上是这样，毕竟它们的数量非常庞大。原子之间的“孔隙”使物质呈现不连续，力学可以描述这些原子的运动。

连续和不连续是两个完全相反的性质。我们既不能用连续来制造出不连续，也不能用不连续制造出连续——最多只能用不连续伪造出假连续，就像沙子，它虽然是不连续的，但从高处看它们似乎是一个连续的整体。

话说回来，光是连续的还是不连续的？人们可能会想回答：它没有“间隙”，应该是连续的。但它也可以像物质一样，表面上是连续的，实际上是不连续的。事实并非如此：麦克斯韦已经表明，光必须被描述为真正连续的物质，而不是假连续的物质。

所以物质是不连续的，而光是连续的。它们必须用相矛盾的术语来描述，乍一看似乎并不令人震惊。毕竟，前者有质量而后者没有；前者通常是不透明的而后者是肉眼不可见的；等等。确实如此，但物理学家不能忽视这样一个事实，即光和物质并不是没有联系的。

光从物质中产生——当一种物质被加热时，会因受热而产生光，例如旧煤油灯中的煤油、白炽

光的干涉条纹（左图）的存在标志光具有波的性质。因为波是连续的，它们通过叠加呈现增强（亮条纹）和抵消（暗条纹）的交替。相反，惠更斯则认为，粒子不会相互干扰，只会相互碰撞。

电灯及其谜团：不连续的物质如何发出连续的光？

灯中的钨丝；或当气体受电“激发”时也会产生光，例如闪光灯或霓虹灯。

那么，我们要如何解释不连续性会变成真实的连续性呢？在这一问题中，基于力学的物质原子理论和光理论之间的矛盾似乎再次难以调和。

自20世纪80年代以来，人们可以用“场离子”显微镜（左图）看到或拍摄晶体表面的原子。遗憾的是，一些反原子主义者因为没有看到这些照片，便认为原子不存在，他们的理由是“因为我们看不到原子”。

1905, L'ANNÉE MIRACULEUSE

第三章

奇迹般的 1905 年

$$\mathcal{E} = Mc^2,$$

我答应寄给你四项成果，第一项我很快就能寄给你。它将以一种完全革命性的方式处理辐射与光的关系。第四项仍在起草阶段，它是一种基于空间和时间理论修正上的运动物体的电动力学。

——给康拉德·哈比希特的信，1905 年春

在爱因斯坦 1905 年发表的众多成果中，令后人最为印象深刻的，就是著名的质量和能量的等价公式。

提出一个好问题，就已经解决了问题的一半

爱因斯坦只用了6个月的时间，就解开了困住物理学界的矛盾之网。1905年3月，他证明了连续和不连续之间的对立是不合理的——即光也像物质一样，是由粒子组成的。这就是光的“量子假说”。[①] 同年6月，他建立了一个没有以太的光理论，即“狭义相对论”，从而消除了经典力学和电磁学之间的矛盾。在此，我们必须向当时德国物理学机构，特

ANNALEN

DER

PHYSIK

BEGRÜNDET UND FORTGEFÜHRT DURCH

F. A. C. GREN, L. W. GILBERT, J. C. POGGENDORFF, G. UND E. WIEDEMANN

VIERTE FOLGE.

BAND 17. HEFT 5.

DER GANZEN REIHE 322. BANDES 5. HEFT.

KURATORIUM:

F. KOHLRAUSCH, M. PLANCK, G. QU

W. C. RÖNTGEN, E. WARBURG

UNTER MITWIRKUNG

DER DEUTSCHEN PHYSIKALISCHEN GES

① 此篇著名论文名为《关于光的产生与转化的启发式观点》。（本书脚注均为译者注）

马克斯·普朗克（1858—1947，上页图）是德国科学界的重要人物，但他的命运与他的国家一样，是悲剧性的。他在1914年签署了一份战争宣言，但在战争期间，他却为此悔恨不已，因为战争夺走了他的两个孩子的生命。他敌视纳粹政权的哲学，但为了拯救他创建的研究机构，他不得不向纳粹政权妥协，无奈地目睹了他的犹太同事惨遭排斥和迫害。①

爱因斯坦一生中科学研究成果最丰富的时期就是他在伯尔尼专利局任职时（上图）。

坐落于维也纳的路德维希·玻尔兹曼（1844—1906）的坟墓上，刻着一个以他的名字命名的公式：$S=k\log W$。S 是熵，W 是与 S 相对应的微观状态数。1905年，爱因斯坦首次利用这个公式，发现了光的粒子性。

① 马克斯·普朗克与爱因斯坦为一生的挚友。爱因斯坦1905年3月发表的著名理论，便是受到了普朗克黑体辐射理论的启发。但普朗克的一生是悲剧性的，他于1914年签署的战争宣言名为《告文明世界书》，又称《九十三人宣言》，当时德国93名科学家、艺术家、学者和牧师共同签署了这份宣言。进入20世纪后，德国科学发展如火如荼，诞生了大批诺贝尔奖得主，带领物理学走向黄金时代。在这种背景下，普朗克为了保全德国科学的地位，不得不与纳粹党合作、周旋，以求保全自己的实验室和在其中工作的犹太同事。然而纳粹主义逐渐失控，甚至衍生出雅利安物理学，普朗克遭受纳粹党的诋毁，他的两个儿子一个死于战争，一个因被怀疑刺杀希特勒而被处死，他的晚年处境凄凉。

别是向当时的主要物理学杂志《物理年鉴》的编辑们表示敬意——他们冒着当时任何学术期刊都不敢冒的风险，发表了两篇由一个任职于伯尔尼专利局、默默无闻的小职员所写的具有革命性质（这一措辞并不强烈）的文章。

也许这是德国大学的一个特色，它虽然僵化且等级森严，但它也总是允许外界人士表达自己的观点。

年轻的爱因斯坦出色的心理状态也值得钦佩。你能想象，那些困扰了物理学家许久的难题，被一个 26 岁的年轻人轻而易举地解决后，这一惊世的成就会对他稳定的精神产生怎样破坏性的影响吗？

1905 年 3 月：光量子的发现

在爱因斯坦第一篇文章的序言中，他提出了他的判断：物理学如果无法解答连续和不连续之间的对立，那么它将无法前进，因为这一对立使它无法解释光是如何由物质产生的。因此，他认为应集中精力思考光的产生，特别是物体受热后如何发出光。

爱因斯坦对原子论深信不疑，尽管他从未见过“真实的”原子。更重要的是，他是统计力学的坚定拥护者。统计力学是一门力学，原因在于它是根据牛顿力学定律描述原子的运动；它同时也是一门统计学，因为它不是研究原子的个别运动，而是研究原子运动的整体效应，或它们整体效应的平均值——每一克物质中都含有大量的原子，证明了这一点。统计力学的功劳之一是成功地解释了物质受热时的反应，并证明了温度与各种形式的能量相对应。

能量在麦克斯韦理论和统计力学中都发挥着重要作用。因此，爱因斯坦提出了用统计力学方法研究受热物质的能量如何转化为光能的想法。

随后他发现，只有假设光的能量是由“粒子”“能量原子”组成时，这种能量转换才可以得到解释。爱因斯坦给它们起了“光量子”的名

肥皂泡（左图是一片肥皂泡的薄膜）的颜色只能在光的连续波动理论的框架内获得解释：这些五彩斑斓的颜色是由几束沿着不同路径的光，在同一点上叠加而成的。如果光不是连续的，那么每个质点会完全占据一个点位，无法获得叠加。

字——今天被称为“光子”。光的能量同物质一样，是不连续的。

光既不是连续的，也不是不连续的

那么我们是否可以得出这样的结论：光，就像物质一样，只是一个虚假的连续体，当我们仔细观察它的时候，它的不连续结构就会显现出来？

相反，爱因斯坦则认为，光既有不连续的特性——正如光量子假说所提出的那样，又有麦克斯韦理论所要求的真正连续的特性。这一令人钦佩的理论已被所有的光学实验所证实。然而为什么光会在某些情况下表现出连续特性，例如彩虹；而在另一些情况下表现出不连续特性，例如一盏发光的灯？

百老汇和它的“霓虹灯”（上页图）说明了光线的不连续性。霓虹灯的每根灯管只包含一种原子（氖原子、铷原子等）。当它们被电激发时，发出的光粒子具有明确的能量，这与量子假说是一致的。

因此，这个问题并没有完全解决，爱因斯坦在 1905 年也很难回答这样一个问题——“光是由什么构成的？”然而，有一件事现在可以肯定：光不是一个连续的波浪，它还具有不连续的原子性质。爱因斯坦发现光是一种奇特的物质，它超越了连续与不连续的二分法，从而使光理论与物质的运动理论得以并存。

困扰上一代物理学家的难题终于被爱因斯坦解决，这令他感到兴奋，然而这一理论仍是局限性的。当时的他无法预见，对光的基本性质和光量子“真实面目”的追寻，将会困扰他的一生。

1905 年 6 月：相对论

6 月，爱因斯坦在他发表的第一篇论文的首段中，得意扬扬地宣布：“把以太引入电磁学是没有意义的。”这篇论文解决了困扰当时物理学家的第二个矛盾。

如果我们相信麦克斯韦的理论，认为光的形成源自以太的振动，那么要如何证明以太是不存在的？爱因斯坦认为，光不是由以太或任何其他介质的振动产生的。

那么又要如何定义光呢？爱因斯坦决定在麦克斯韦理论的基础上，推导出一个结论——无论观察者如何运动，光都必须等速前进，这一速度用“c”表示，$c \approx 30$ 万千米 / 秒。如果我们相信光是在绝对静止的以太中运动的波，那么这个结论就与相对性原理相矛盾，因为根据相对性原理，波

“我本可以得到更扎实的数学训练，但我大部分时间都在物理实验室工作，沉浸于与实验的直接接触。”爱因斯坦并不是人们所认为的纯理论家，他花了大量时间制造了一台用来测量大气中微弱电量的机器。（下图为位于苏黎世的爱因斯坦实验室）

Reçu pour 4 leçons d'Electricité du 24 Octobre au 21 Novb. 05 Frs 18.—

Einstein

的速度应该取决于观察者的速度（相对于以太）。爱因斯坦理论的天才之处在于，他通过废除了光是在以太中波动的理念，消除了电磁理论与相对性原理的矛盾。爱因斯坦提出，光的唯一特征是——对于所有观察者来说，它恒定地以一定的速度 c 前进。

现在，让我们假定以太不存在，即推翻光是以太波动的理论，那么有可能在此基础上重建物理学吗？我们应该保留相对性原理吗？爱因斯坦给出了肯定答案。事实上，被认为是绝对静止的以太已经消失了，就没有什么理论能质疑相对性原则的存在。因此，爱因斯坦得出结论——光也遵循相对性原理。这一基本原理，其有效性在此之前仅限于经典力学，如今无论是物质还是光，都不例外，要受其规范。

爱因斯坦开始基于以下两个理论，建立起一座新的物理学大厦：一个是“光原理”——光

“我知道光速不变的原理是独立于相对性原理的，所以我曾摇摆不定，不知道哪一个理论更具真实性。”为什么光速的不变性与相对性原理相矛盾？这是爱因斯坦在 1904 年提出的问题。“幸运的是我的朋友帮我渡过了难关……在一个晴朗的日子里，我去拜访他，向他倾诉我的困惑……我们一起讨论这个问题的各个方面。突然间，我明白了……对时间概念的分析即解决办法。……5 周后，狭义相对论完成了。”

Short definition of Relativity

There is no hitching post in the Universe — so far as we know.

gelesen und richtig befunden
A. Einstein

"总是"（无论观察者的运动如何）以速度 c 前进；另一个是相对性原理——任何物质都不可能是绝对静止的。因为爱因斯坦基于相对性原理，统一了物质理论和光理论，因此这一衍生出来的理论被命名为"相对论"。

人们经常认为这个名字不够合适。事实上，相对论是一个不变量理论，它寻找自然界中是否有不会跟随观察者变化的不变量。其中，光速 c 就是不变量的一个很好的例子。

一位不知名人士手写道："相对论的一个简单通俗的定义：据我们所知，宇宙中没有一个质点可以被抓住。"爱因斯坦亲手补充道："已阅并赞同。"然而，"据我们所知"这句话是有待商榷的。因为这不是一个可能会受到质疑的理论，而是物理学所依据的原则：世界上所有的观点都是平等的。

受到质疑的同时性

出人意料地，光理论和物质理论的统一导致了人们对空间和时间的直觉观念的改变。爱因斯坦首先证明了这个矛盾的事实：对于一列火车的乘客来说是同时发生的两个事件，对于看着火车经过的人来说却是先后发生的。

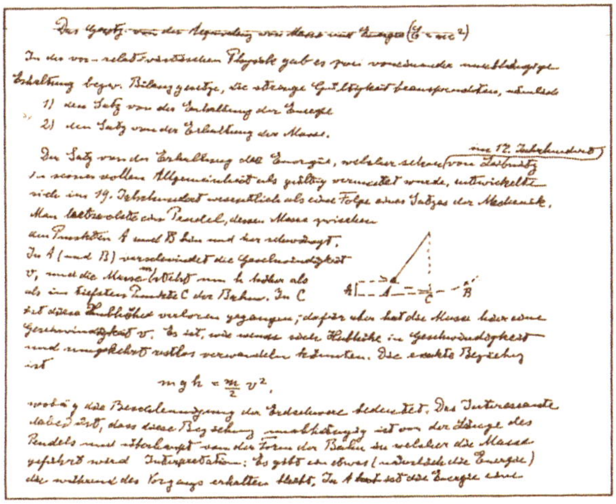
Das Gesetz von der Äquivalenz von Masse und Energie ($E=mc^2$)

In der vor-relativistischen Physik gab es zwei voneinander unabhängige Erhaltung bezw. Bilanzgesetze, die strenge Gültigkeit beanspruchten, nämlich

1) den Satz von der Erhaltung der Energie

2) den Satz von der Erhaltung der Masse.

Der Satz von der Erhaltung der Energie, welcher schon von Leibnitz im 17. Jahrhundert in seiner vollen Allgemeinheit als gültig vermutet wurde, entwickelte sich im 19. Jahrhundert wesentlich als eine Folge eines Satzes der Mechanik. Man betrachte ein Pendel, dessen Masse zwischen den Punkten A und B hin und her schwingt. In A (und B) verschwindet die Geschwindigkeit v, und die Masse ist um h höher als im tiefsten Punkte C der Bahn. In C ist diese Hubhöhe verloren gegangen; dafür aber hat die Masse eine Geschwindigkeit v. Es ist, wie wenn sich Hubhöhe in Geschwindigkeit und umgekehrt restlos verwandeln könnten. Die exakte Beziehung ist

$$mgh = \frac{m}{2}v^2,$$

wobei g die Beschleunigung der Erdschwere bedeutet. Das Interessante dabei ist, dass diese Beziehung unabhängig ist von der Länge des Pendels und überhaupt von der Form der Bahn, in welcher die Masse geführt wird. Interpretation: Es gibt ein etwas (nämlich die Energie) das während des Vorgangs erhalten bleibt. In A hat die Energie eine

在这份关于“质量和能量的等价定律（$E=mc^2$）”的手稿的第六行，爱因斯坦引用了莱布尼茨的话。事实上，爱因斯坦很早就对哲学问题产生了兴趣（也许比他后来更感兴趣），在一定程度上，他受到了一位学生马克斯·塔尔梅的影响；塔尔梅寄住在他的家里。在爱因斯坦13岁时，他曾与塔尔梅一起阅读和讨论了莱布尼茨的一些著作，以及康德的《纯粹理性批判》。

想象一下这样的情况：两个人坐在一列从左到右移动的火车的两端，并用闪光灯拍照。坐在车厢中央的一名乘客A同时接收了来自左右两侧的两束闪光。对他来说，车厢两段的两位摄影师同时按下了他们的快门。但是对于一个看着火车经过的路人B来说，坐在车厢中央的观察者A与火车一起向右移动，从而与位于车厢前进方向的摄影师发出的闪光灯光相遇，并“逃避”了车厢后部摄影师发出的光线。但是，根据爱因斯坦提出的原理，光总是以速度 c 到达观察者A的眼睛，无论它来自左边还是右边，无论观察者A是远离它还是朝向它。观察者A向右前进，因此来自右侧的闪光到达观察者A所必须经过的距离小于来自左侧的闪光；光速恒定，因此右侧闪光到达观察者A眼睛所需的时间比左侧闪光所需的时间短。

而对于路人B，两道闪光并不是同时到达观察者A的。那么哪个观察者是对的？爱因斯坦的答案是——两者都是正确的。与普通直觉所暗示的相反，对于观察者A来说是同时发生了两个事件，而对于未与 A 同时运动的路人 B 来说则不是。这是一个令人困惑的现象——因为，如果两个观察者对两个事件发生的“同时性”意见不一，那么对于其他任何与时间有关的问题就更不可能达成共识了。

时间观的修订

这两个人也永远不会就时间的长短问题达成一致。例如，两个观测者同时计算婴儿在火车上喝完一瓶奶需要的时间。当婴儿开始喝奶时，观察者 A 启动了计时器，并在婴儿喝完的那一刻暂停。由此可见，观察者 A 考虑了一组“同时性”事件：首先，婴儿第一次吸吮的那一刻，秒表的指针切换到零；婴儿吸完奶的同时，计时暂停，最终得出总用时 6 分 10 秒。

而观察者 B 则测量婴儿吸吮奶所需的时间，根据爱因斯坦的推算，他会得出一个比观察者 A 更长的时间——这就是“时间膨胀”。同样，如果观察者 B 从外部测量行驶中的火车窗户的宽度，那么根据爱因斯坦的推算，B 会发现他的数据比车厢中的 A 测量的要小——这就是“长度收缩”。如果 B 测量火车窗户的高度（即垂直于列车运动方向的窗户尺寸），就会发现他得出的数据与 A 相同——长度的收缩只发生在与运动方向平行的物体上。

相对论，一个视角的问题

时间膨胀与长度收缩等相对论效应，与日常常见的一种效应非常相似。众所周知，不同的视角可能会使物体变形：从某个角度看，平行线似乎会聚在一起，已知相等的两条线的长度看起来似乎是不同的。爱因斯坦在 1905 年提出的理论揭示了一种出人意料的视觉效应：观察者 A 和 B 从两个不同的“角度”看待火车上发生的事情，这导致了长度的缩短和时间的膨胀。

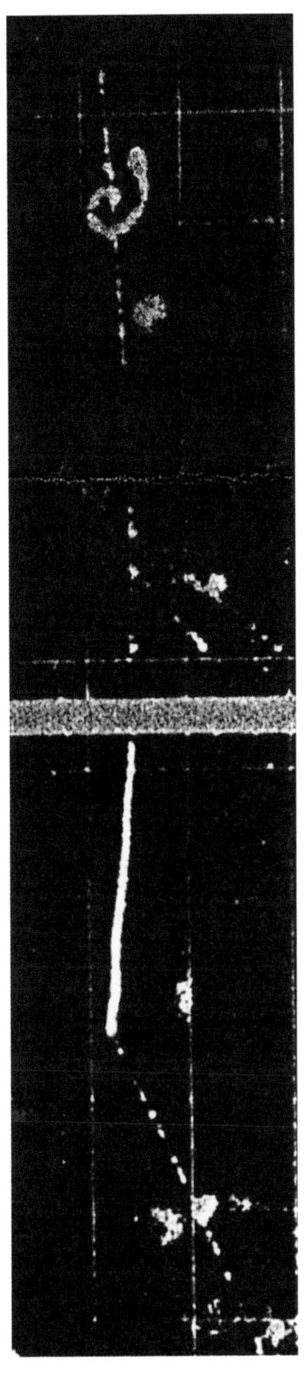

时间的膨胀意味着，当观察者看到一个以接近光速的速度移动的粒子时，它的寿命延长了。时间的膨胀能够大到使粒子可以被我们观察到（左图），而粒子的寿命仅有一百万分之一秒，随后就会解体。

在《汤普金斯先生梦游仙境》(1940)一书中，物理学家乔治·伽莫夫讲述了一名员工在读了一本关于相对论的书后，梦见自己身处一个光速只有15千米/秒的世界，这使得相对论所预测的一些效应可以被观察到。“当他再次睁开眼睛时，他正站在一个街角……只有一个慢慢地骑着自行车的人。当他走近时，汤普金斯先生惊异地瞪大了眼睛，因为自行车和骑自行车的年轻人在他们移动的方向上呈现了令人难以置信的扁平……汤普金斯先生感到很自豪，因为这正是他刚才读到的长度收缩效应。”

关于时间和空间的悖论引起了广泛的讨论，并持续激发人们的想象力。对许多人来说，爱因斯坦是那个向我们揭示时间不具有绝对性，它对所有人来说都不一样的人；他的部分声望就在于他改变了我们的基本概念之一。相对论从一开始就被认为是一种具有哲学含义的理论，这一点在 1922 年爱因斯坦在政治动荡的情况下访问巴黎时变得更为明显。当他在索邦大学发表演讲时，整个巴黎的知识界都出席了会议。坐在前排的是柏格森，他是一本名为《绵延与同时性》的著作的作者，他当然不想错失与这一理论提出者交流的机会。

但据说爱因斯坦并不理解柏格森所提出的问题，可能是因为爱因斯坦不够熟悉法语，也可能是因为爱因斯坦不够了解柏格森的哲学理论。

但对于一个物理学家来说，爱因斯坦的重要性与其说在于他对空间和时间概念的修订，不如说在于他成功地使光摆脱了以太，遵守了与物质相同的原则：相对论。自此，光的传播不再需要介质，它可以在真空中传播。物质和光在物理学的一个理论下统一了。

1905 年 9 月：物理学界最著名的后记

1905 年 9 月 27 日，就在爱因斯坦那篇关于相对论的文章发表后的四个月内，他就寄出了一篇后记，在这篇只有三页的短篇论文中，他归纳出了一个有趣的结论，展示出了世界上最著名的公式——$E=mc^2$。

爱因斯坦通过计算证明，当一物体以光的形式发出一定的能量 L 时，这一物体的质量会减少 L/c^2，其中 c 是光速。由此得出的结论是——一个物体的质量与其能量有关：如果物体吸收能量，它的质量就会增加；反之，它的质量就会下降。因此，质量（m）与能量（E）是等价的，两者之间通过一个简单的换算系数相联系，即 c^2，用方程表示则是——$E=mc^2$。

爱因斯坦极具前瞻性地补充道："我们不能排除辐射过程，在这种过程中，物体能量的含量发生了显著的变化，可以证明我的理论是正确的。"众所周知，这一预测后来得到了戏剧性的证实：核能——无论是用于和平目的还是军事目的，都是相对论所预测的质量转化为能量的结果。

1922年，法德为恢复因第一次世界大战而中断的科学交流，爱因斯坦应法兰西学院——更确切地说是保罗·朗之万——的邀请，来解释他的理论。这次演讲大获成功。

— Comment! monsieur, mais c'est abominable : vous ne paraissez pas du tout au courant des nouvelles théories d'Einstein !

“先生，这太不可思议了！您居然对爱因斯坦的新理论一无所知！”

« La façon dont vous interprétez la relativité des espaces est tout simplement niaise.

“你解释空间相对性的方式很幼稚。”

Monsieur

P. Langevin, Professeur a

Paris

Votre honorée lettre, sur laquelle

A. Einstein, Berlin

pour le prix Nobel de physique en 1922 est

Nobel de physique de l'Académie Royale

« Quant à votre conception des équilibres, elle est grotesque.

“而你对平衡性的观念更是引人发笑。”

« Je vais vous laisser mon adresse ; vous viendrez me trouver et je vous expliquerai tout ça à tête reposée.

“我留给你我家的地址，如果你有空来拜访我，我很乐意用简易的方式教会你这些理论。”

— C'est que je ne suis pas pour longtemps à Paris... Vous comprenez... heu ! heu ! Je suis M. Einstein. »

“可是我不会在巴黎停留太久，先生……你知道的……我就是爱因斯坦。”

大众媒体对爱因斯坦的巴黎之行进行了广泛的报道。漫画家们为此欣喜若狂。

爱因斯坦在1922年被授予诺贝尔奖，不是因为相对论——委员会的一些成员认为相对论过于冒险，而是因为“他在光电效应方面的成就”，而光电效应具有工业实用价值。

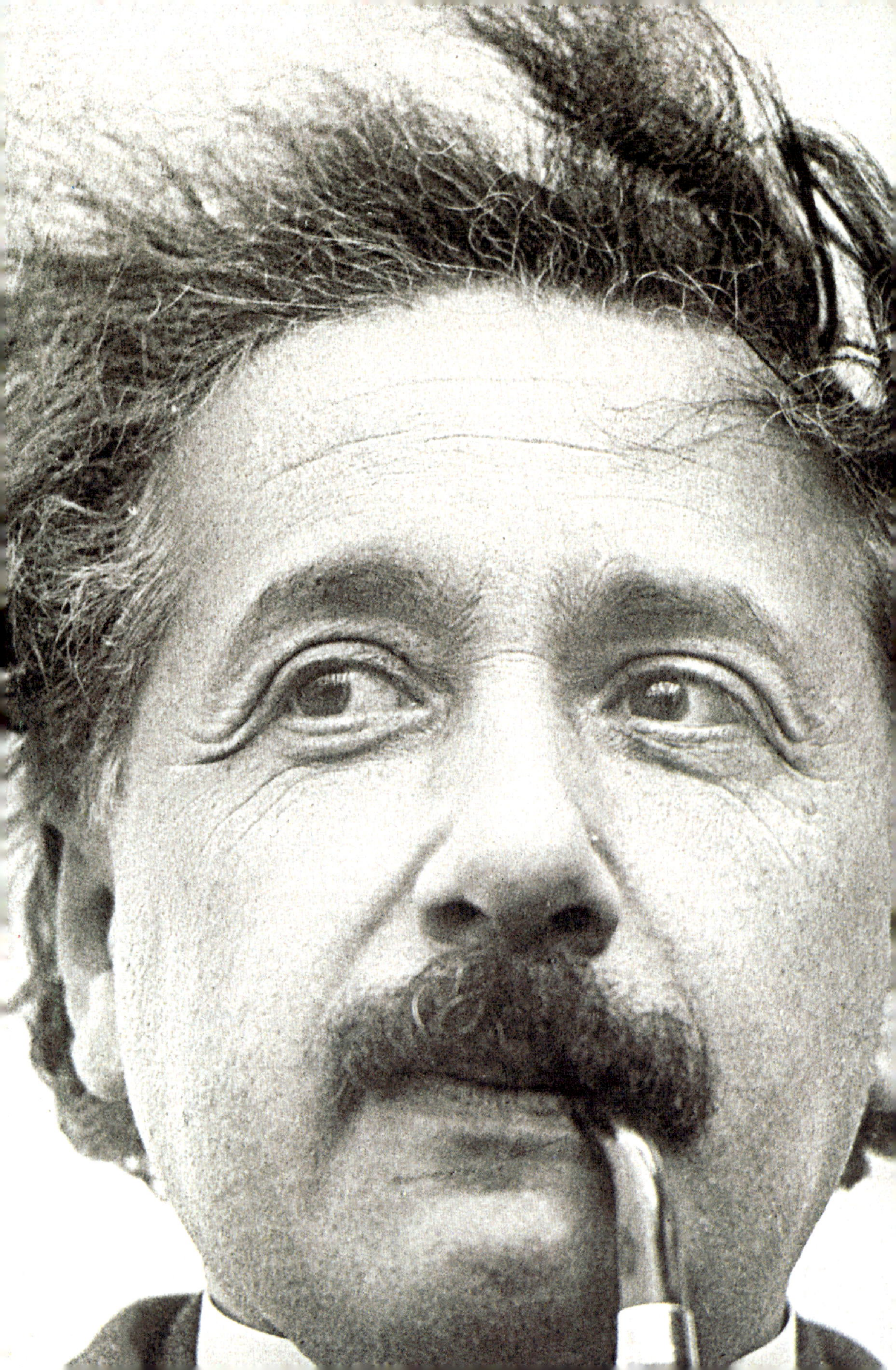

MATIÈRE, ESPACE, TEMPS

第四章
物质、空间、时间

时间（temps）不存在。（爱因斯坦）

Le temps n'existe pas. (EINSTEIN.)

爱因斯坦说的是“好天气（temps）”吧？

如今，引力的问题完全占据了我的大脑。有一件事是肯定的：我一生从未如此痛苦过。与它相比，狭义相对论只是儿戏。

——给索末菲的信，1912 年

爱因斯坦大受欢迎的重要原因是人们对他所提出的革命性理论的误解——正如这幅漫画所表明的那样，作者玩弄了“temps”一词的两种含义：时间与天气。

狭义相对论、广义相对论

爱因斯坦对于1905年提出的相对论并不满意，因为它是不完整的，或是像今天所说的那样，是“有局限的”。他认为，在一个完整的相对论中，任何物体都不应享有特殊的地位。虽然他已经清除了以太物理学，但物理学界所有的绝对或特殊的物质都消失了吗？

1907年，爱因斯坦给出了否定的回答。让我们回顾一下伽利略的相对性原理。根据这一原理，一艘匀速航行的船的运动“如同未动”。这里的重要形容词是“匀速”，因为只有“匀速”直线的运动才是“如同未动”的运动。

爱因斯坦疑惑，为什么匀速运动会有特殊地位？如果所有的运动都是等价的，这难道不是更能满足物理学精神吗？他还开玩笑地补充道，目前的理论太不“民主”了。

而这个民主化的结果就是“广义相对论原理”。

自由落体定律

如果一个宽泛的理论不能阐明迄今为止无法解释的现象，那么这一宽泛原则便失去了意义。而广义相对论原理有助于理解为什么所有的物体都以相同的加速度掉落到地面上。

伽利略从比萨斜塔塔顶上丢下铅、石头、

1953 年，当勒内·玛格利特画《戈尔康德》时，这幅画呈现的失重仍具有一种超现实的意味。如今，我们对宇航员飘浮在太空中的画面已不再陌生。然而，玛格利特的画并没有失去它的蛊惑性：那些戴着圆顶礼帽的人正在降落，但他们似乎认为自己一动不动，这让人感到诡异。事实上，玛格利特成功地说明了这一基本概念：无论他们如何运动，不同观察者的观点是等同的。

木头和纸球时发现了这一现象。牛顿并未给出一个令人满意的解释，他只是把自由落体解释为一种宽泛的理论的例外：两个物质——地面和坠落的物体——之间的吸引力。至于为什么无论物体的质量如何，在被地心引力吸引的过程中，都会以相同的“重力加速度”下落，牛顿则无从解释，留给了他的后继者解决。

如果我们采用广义相对论原理，这个谜题就解决了。让我们想象两个观察者 A 和 B。A 在缆绳

牛顿并不满意他的万有引力“解释”：“实在难以想象，一个无生命的原始物质，不需要非物质的中介，就能在互不接触的情况下对另一种物质产生作用或影响，好似引力是物质所固有的本质。这就是我不想让别人把万有引力归功于我的原因之一。重力是与生俱来的，一个物体通过真空在远处作用于另一个物体……这是极其荒谬的，我相信所有具有思辨能力的人都会这样认为。引力必须依靠一定的媒介而产生作用，这一媒介遵循一个不变的规律，不论这一媒介是物质的还是非物质的，这就是我留给读者去思考的。”

断裂的电梯中自由落体，而B则从楼梯上观察这一事件。A手里拿着一块石头，他在某个时刻松开了它，没有向它施加任何速度，只是松开手指，让石头掉落。

A注意到石头停在他身边，一动不动。他对此并不感到惊讶，因为他可以用牛顿的惯性定律解释这一现象。根据该定律，当合外力为零时，原来静止的物体将继续保持静止状态（A没有给石头施加外力，因此这里合外力为零）。

根据广义相对论原理，B的视点必须与A在电梯中的视点相同。B解释他所看到的（停留在A身旁的石头），认为A和石头都因地心引力而掉落到地面。但为了解释石头的移动速度并不比A快（反之亦然），他就不得不援引伽利略的定律。根据该定律，无论物体的质量如何，它们都以相同的速度做自由落体运动。

由此我们发现，只有自由落体定律成立时，B的观点才能与A的观点等同。换句话说——自由落体定律和广义相对论原理是密不可分的。

爱因斯坦在 1913 年离开苏黎世前往柏林（上图为威廉皇帝物理研究所），可能不仅仅是因为这座他所憎恨的国家的首都的吸引力，还因为与米列娃的生活简直是地狱。他后来说，与她分离是“生死攸关的问题”。

“要是你能知道我在数学上遇到了多大的困难就好了！”

早在 1907 年，爱因斯坦就察觉到了广义相对论原理与万有引力之间的关系。但直到 1915 年，他才明确地阐述了广义相对论的原理。曾有人说，只有三个人能够理解它的数学细节。这虽然可能是夸大其词了，但爱因斯坦确实必须学习许多新的数学；尽管理工学院的教学质量广受认可，但这一部分的数学足够“现代”，以至于爱因斯坦并没有在课堂中学到。

“正是考虑到这个问题[①]，我在1912年拜访了我的老同学马塞尔·格罗斯曼，他现在是理工学院的数学教授。作为一名数学家，他虽然会对物理学持怀疑态度……但他立即燃起了求知的火焰。他查阅了所有已出版的著作，并很快发现我们所讨论的数学问题已经被解决了……谁能想到，当我和我的老朋友热心地工作时，一个狡猾的疾病会这么快就把这个了不起的人带走呢？”

① 此处的问题应当指时空弯曲问题：由于物体的存在，空间和时间会发生弯曲，时空弯曲是质量（能量）造成的结果，万有引力是时空弯曲的表现。

1908年，爱因斯坦离开了专利局，并在伯尔尼一所大学得到了教职。1911年到1912年又任职于布拉格的德语大学。1912年，他被任命为苏黎

世联邦理工学院的教授——这是对他年轻时失业岁月的一种补偿。在那里，他遇到了他以前的同学马塞尔·格罗斯曼，当时他也在这里教数学。爱因斯坦请他帮助他学习广义相对论所必需的数学，格罗斯曼答应了，并给出一个明确的条件，即他永远不会为爱因斯坦由此得出的物理理论负责。两人共同撰写了几篇文章，其中爱因斯坦负责物理部分，格罗斯曼负责数学部分。

但这次合作并不理想。他们很快就做出了一个错误的判断，这使爱因斯坦走上了一条错误的

道路，浪费了整整三年的时间。1915 年 11 月初，爱因斯坦发现了自己的错误。他不断地公布他的新成果。此前的 1913 年，爱因斯坦在德国科学圣地柏林被任命为普鲁士科学院院士。科学院每周四召集院士开会，在连续四个星期四中，院士们亲眼见证了广义相对论——20 世纪优美的理论之一——的诞生。

空间并不像我们想象中的那样

值得注意的是，再回顾之前那个在缆绳断裂的电梯中自由落体的案例，可以发现 A 和 B 将石块的移动归于以下不同原因：

对 B 来说，石块由于地球的吸引力（或者说重力）产生了运动；对 A 来说，正是没有外力施加于石头上，因此石头是静止不动的。对 A 来说，石头周围的空间是静止的；而对 B 来说，是石头周围的空间迫使它向地面降落。

显然，二者的说法各有道理，那么谁是正确的？空间总是作用于处在其中的物体。简单地说，这个动作有时对我们来说是无法被察觉的。因为空间对 A 与石头产生了同样的作用，因此 A 无法察觉。

相反，物体也会作用于空间，只要物体存在就足够。如地球的存在造成了周围空间的变化，从而改变了石头所处的空间。因此，石头的自由落体运动只不过是对这种变化的反应。爱因斯坦在这里提出了另一种解释自由落体的方式：牛顿的引力理论被物体周围空间的变化所取代，而这两种解释是等同的，因为它们得到了相同的结果——石头以固定的加速度落到地面。简单地说，爱因斯坦的概念使我们能够理解为什么所有物体都做速度相同的自由落体运动：因为它们经历着相同的空间变化。

爱因斯坦想到数学的力量，想到他如何用笔、墨水和纸彻底改变了我们对空间的概念时，他写道：“一个谜团一直困扰着研究人员。数学是人类思想的产物，独立于任何外在经验，为什么能如此完美地描述现实的对象呢？难道人类的理性可以不需要经验的帮助，仅仅通过人的思考活动，就能发现真实事物的本质吗？……在我看来，数学命题与现实越有关联，它就越发不确定；它越发确定时，就越发与现实不产生关联。”

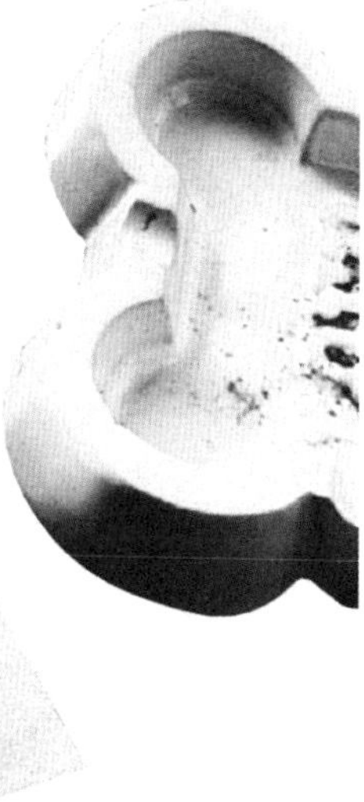

Gravitation

$g_{11} dx^2 + \cdots \cdots g_{44} dt^2 = ds^2$ immer positiv für Punkt.

$\frac{ds}{dt} = H$ gesetzt.

Bewegungsgleichungen $\qquad \frac{d}{dt}\left(\frac{\partial \mathcal{G}}{\partial \dot x}\right) = -\frac{\partial \mathcal{G}}{\partial x}$

$$\frac{d}{dt}\left(\frac{\partial H}{\partial \dot x}\right) - \frac{\partial H}{\partial x} = 0$$

$$\frac{\partial H}{\partial \dot x} = \frac{g_{11}\dot x + g_{12}\dot y + \cdot + g_{14}}{\frac{ds}{dt}}$$

$$\frac{\sqrt{g}\; g_{11}\dot x + g_{12}\dot y + \cdots}{\cdot} = \varrho\sqrt{g}\left(g_{11}\frac{dx}{ds}\frac{dt}{ds} + g_{12}\frac{dy}{ds}\frac{dt}{ds} + \cdots\right)$$

ist Bewegungsgrösse pro Volumeinheit

Tensor der Bewegung von Massen $T_{ik}^{b} = \varrho_0 \frac{dx_i}{ds}\frac{dx_k}{ds}$

Tensor der Bewegungsgrösse u. Energie $\left\{ T_{mn} = \left| \sum \sqrt{g}\, g_{m\nu} T^{b}_{\nu n} \right| \right.$

Negative Ponderomotorische Kraft pro Volumeinheit $\frac{1}{2}\sqrt{g}\sum \frac{\partial g_{\mu\nu}}{\partial x_m} T^{b}_{\mu\nu}$

$$\sum_{\nu m}\frac{\partial}{\partial x_m}\left(\sqrt{g}\, g_{m\nu} T_{\nu n}\right) - \frac{1}{2}\sum_{\mu\nu}\sqrt{g}\,\frac{\partial g_{\mu\nu}}{\partial x_m} T_{\mu\nu} = 0$$

Setzen wir $\sqrt{g}\, T_{\mu\nu} = \Theta_{\mu\nu}$

$$\sum_{\mu\nu}\frac{\partial}{\partial x_\mu}\left(g_{m\nu}\Theta_{\mu\nu}\right) - \frac{1}{2}\sum_{\mu\nu}\frac{\partial g_{\mu\nu}}{\partial x_m}\Theta_{\mu\nu} = 0$$ zu Allgemeinen zugeordneter Vekt

Gilt für jeden Tensor z. B. $\sqrt{g}\,\gamma_{\mu\nu}$ $\quad \frac{T_{\mu\nu}}{g}$

$$\sum_{\mu\nu}\frac{\partial}{\partial x_\mu}\left(\sqrt{g}\, g_{m\nu}\gamma_{\mu\nu}\right) - \frac{1}{2}\sum_{\mu\nu}\left(\sqrt{g}\,\frac{\partial g_{\mu\nu}}{\partial x_m}\gamma_{\mu\nu}\right) = 0$$ oder Vierervektor

$$\frac{\partial \sqrt{g}}{\partial x_m} \qquad \frac{1}{\sqrt{g}}\frac{\partial g}{\partial x_m}$$

Stimmt.

Nochmalige Berechnung des Elemententensors

$$\frac{1}{2}\left(\frac{\partial^2 g_{im}}{\partial x_k \partial x_l} + \frac{\partial^2 g_{kl}}{\partial x_i \partial x_m} - \frac{\partial^2 g_{il}}{\partial x_k \partial x_m} - \frac{\partial^2 g_{km}}{\partial x_i \partial x_l}\right)$$

$$-\frac{1}{4}\gamma_{\rho\sigma}\left(\frac{\partial g_{i\rho}}{\partial x_l}+\frac{\partial g_{l\rho}}{\partial x_i}-\frac{\partial g_{il}}{\partial x_\rho}\right)\left(\frac{\partial g_{k\sigma}}{\partial x_m}+\frac{\partial g_{m\sigma}}{\partial x_k}-\frac{\partial g_{mk}}{\partial x_\sigma}\right) \Bigg| \gamma_{kl}$$

$\frac{1}{2}\gamma_{kl}\frac{\partial^2 g_{im}}{\partial x_k \partial x_l}$ bleibt stehen.

$$\gamma_{kl}\begin{bmatrix} kl \\ i \end{bmatrix} = \gamma_{kl}\left(2\frac{\partial g_{il}}{\partial x_k} - \frac{\partial g_{kl}}{\partial x_i}\right) = 0 \;\Bigg|\; \frac{\partial}{\partial x_m}$$

$$\gamma_{kl}\begin{bmatrix} kl \\ m \end{bmatrix} \quad \gamma_{kl}\left(2\frac{\partial g_{mk}}{\partial x_l} - \frac{\partial g_{kl}}{\partial x_m}\right) = 0 \;\Bigg|\; \frac{\partial}{\partial x_i}$$

$$2\gamma_{kl}\left(\frac{\partial^2 g_{il}}{\partial x_k \partial x_m} + \frac{\partial^2 g_{mk}}{\partial x_i \partial x_l} - \frac{\partial^2 g_{kl}}{\partial x_i \partial x_m}\right) + \frac{\partial \gamma_{kl}}{\partial x_m}\left(2\frac{\partial g_{il}}{\partial x_k} - \frac{\partial g_{kl}}{\partial x_i}\right) + \frac{\partial \gamma_{kl}}{\partial x_i}\left(2\frac{\partial g_{mk}}{\partial x_l} - \frac{\partial g_{kl}}{\partial x_m}\right) = 0$$

$$-\frac{1}{2}\gamma_{kl}(\qquad) = \frac{1}{4}\Bigg|\frac{\partial \gamma_{kl}}{\partial x_m}\left(2\frac{\partial g_{il}}{\partial x_k} - \frac{\partial g_{kl}}{\partial x_i}\right) + \frac{\partial \gamma_{kl}}{\partial x_i}\left(2\frac{\partial g_{mk}}{\partial x_l} - \frac{\partial g_{kl}}{\partial x_m}\right)$$

zweites Glied:

$$-\frac{1}{4}\gamma_{\rho\sigma}\frac{\partial g_{l\rho}}{\partial x_i}\frac{\partial g_{k\sigma}}{\partial x_m}\gamma_{kl} \longrightarrow +\frac{1}{4}\frac{\partial \gamma_{k\sigma}}{\partial x_i}\frac{\partial g_{k\sigma}}{\partial x_m}\, g_{l\rho}\gamma_{lk}$$

$$+\frac{1}{4}\frac{\partial \gamma_{k\sigma}}{\partial x_i}\frac{\partial g_{k\sigma}}{\partial x_m}$$

$$-\frac{1}{4}\gamma_{\rho\sigma}\left(\frac{\partial g_{i\rho}}{\partial x_l} - \frac{\partial g_{il}}{\partial x_\rho}\right)\left(\frac{\partial g_{m\sigma}}{\partial x_k} - \frac{\partial g_{mk}}{\partial x_\sigma}\right)\gamma_{kl}$$

$$= -\frac{1}{2}\gamma_{\rho\sigma}\gamma_{kl}\frac{\partial g_{i\rho}}{\partial x_l}\frac{\partial g_{m\sigma}}{\partial x_k} + \frac{1}{2}\gamma_{\rho\sigma}\gamma_{kl}\frac{\partial g_{il}}{\partial x_\rho}\frac{\partial g_{m\sigma}}{\partial x_k}$$

Der mit 2 multiplizierte Elemententensor erhält also die Form

$$\gamma_{kl}\frac{\partial^2 g_{im}}{\partial x_k \partial x_l} - \frac{1}{2}\frac{\partial \gamma_{kl}}{\partial x_m}\frac{\partial g_{kl}}{\partial x_i} + \frac{\partial \gamma_{kl}}{\partial x_m}\frac{\partial g_{il}}{\partial x_k} + \frac{\partial \gamma_{kl}}{\partial x_i}\frac{\partial g_{mk}}{\partial x_l}$$

$$-\gamma_{\rho\sigma}\gamma_{kl}\frac{\partial g_{i\rho}}{\partial x_l}\frac{\partial g_{m\sigma}}{\partial x_k} + \gamma_{\rho\sigma}\gamma_{kl}\frac{\partial g_{il}}{\partial x_\rho}\frac{\partial g_{m\sigma}}{\partial x_k}$$

Resultat sicher. Gilt für Koordinaten, die der Gl. $\Delta\varphi = 0$ genügen.

空间总是作用于放置在其中的物体，并被它们改变，这无疑是广义相对论带来的最重要的新发现。我们会不由自主地把空间想象成一个空盒子，把物体放在里面，且不改变盒子里的空间。直到1915 年的经典物理学都没有改变这种直觉的空间观。牛顿在盒子内的物体之间引入了吸引力，例如地球和被扔向地面的石头之间的引力。

但是这些力只给了两个物体产生运动的作用，即石头的下落运动，而地球太重了，所以几乎保持不动。这些物体并不会改变空间。从这一点看，空间是“绝对的”，没有什么能影响它。而爱因斯坦提出了一个完全不同的空间观：我们放置在空间中的物体，不论是地球、石头、太阳、你或我，都会使空间产生改变，并受到其他物体所产生的空间改变的影响。

空间弯曲就是指从一点到另一点的最短距离不是欧几里得几何中的直线[①]，而是一条曲线。换句话说，我们在学校里学到的欧几里得几何学并不能全面地描述现实世界。（前两页图：爱因斯坦证明广义相对论的方程式。）

① 指的是欧几里得《几何原本》中的著名理论：“两点之间，直线段最短。”

就像画布上的橘子……

要想象这种空间的变化显然不是一件容易的事，只有数学才能提供正确的描述。做一个最恰当形象的类比，我们可以把空间想象成一张画布，拉紧并平铺在一个框架上。如果你不把任何东西放在画布上，它就是平面的；但是，如果你在上面放一个橘子——它代表地球——就会在画布的表面产生一个小凹槽，并使布在橘子所在的地方附近变形。

现在让我们把一个球放在布的边缘——这个球代表被放下的石头，它会沿着最陡峭的线滚动，

CLIFF
HOTEL

直到它到达橘子（地球）。牛顿认为球（石头）被橘子（地球）吸引，但我们也可以采取爱因斯坦和此后所有的物理学家的说法，橘子（地球）改变了空间——通过在空间上制造一个凹槽来扭曲它，而球（石头），在不被触碰（即不被施加外力）的情况下，沿着坡度最陡的线自然行驶。

这一例证的优点是，它可以立即观察到所有材质的球——无论是铅的、木材的还是纸的，都必须遵循相同的轨迹，而这完全是由橘子决定的。换句话说，所有“坠落”在地球上的物体都在做同样的自由落体运动……正如伽利略所观察到的那样。

通过想象一个物体放在布上，我们可以领会一个质量的存在会造成空间上的弯曲，物体越重，产生的凹陷就越明显。

没有物质，时间和空间就不存在

在广义相对论中，不仅空间被其中的物质所改变，而且没有这些物质，空间根本就不存在。简

单地说：是物质创造了空间。或者说，不可能清空空间中的所有物质，因为那样它也会消失。更重要的是，当我们在前文提到空间时，我们应该谈谈时空。正如狭义相对论已经暗示的，作为时空的混合体，真实世界的舞台不是我们自觉想象的三维空间，而是四维空间——在普通空间的三个维度上再加一个时间维度。[①]

因此，当世界中的物质被清空时，不仅是空间，连时间都消失了。换言之，是物质创造了空间和时间——这是一个违背常识的理论。

① 三维：x 轴、y 轴、z 轴，即在客观的现实空间就是长、宽、高三种度量。

DU BON USAGE DE LA GLOIRE

第五章
善用盛名

Vous êtes beau, vous êtes grand,
et vous êtes des pays du travail
et de la moral.
Puissant génie, au service bienfaisant
de l'humanité, Recevez toute l'admiration
d'un ouvrier français.

C. Demay

Paris. 6/3/22

7 点，我抵达纽约。情况比我想象的还要糟。成群结队的记者乘船来到长岛，还有德国领事。最重要的是，一大群摄影师像饿狼一样向我扑来。记者们故意提出一些愚蠢的问题，我半开玩笑地回答，却更加激起了人们的热情。

——《旅行日记》，1930 年 12 月 11 日

爱因斯坦在 1922 年访问巴黎时收到了这张卡片，这次访问是由魏玛共和国外交部长瓦尔特·拉特瑙组织的，他是法德和解的坚定倡导者，不久后便遭到纳粹的暗杀。

爱因斯坦对牛顿的修正是正确的

1919 年 11 月 6 日，也就是广义相对论完成四年后，英国皇家天文学会和皇家学会在伦敦总部举办了一次联席会议。在悬挂牛顿肖像的会议厅中，英国皇家天文学家、剑桥等级制度中的重要人物——阿瑟·爱丁顿爵士在信中宣布，他对西非海岸外的葡萄牙属普林西比岛的考察结果，完全证实了爱因斯坦的新理论，纠正了博学会创始人牛顿的理论。

这类事件本会被大众忽视，这次却史无前例地得到了媒体的接连报道。全世界的电传打字机都在传播这个消息，第二天早上就刊登在了报纸的

"牛顿，请原谅我；即使是如你一般、拥有无与伦比的思想和创造力的人，也只有一条路可以走，而你找到她了。你所建立的概念仍然指导着今天的物理学思想，尽管我们现在知道它们必须被其他概念所取代。"

贵报关于我的生活和个人的一些说法完全出于编辑才华横溢的想象。读者会很高兴地看到相对论原理的另一个不同的应用：我现在在德国被认为是一名"德国学者"，在英国被认为是一个"瑞士犹太人"。假设我不幸地成为一个"讨厌鬼"，我将在德国成为"瑞士犹太人"，在英国成为"德国学者"。

——1919 年，寄给《泰晤士报》的更正

社论版面。一夜之间，爱因斯坦从一个默默无闻的大学教授变成了一个活生生的传奇人物。

一个闪耀的名人

那么爱丁顿的这些观察是什么呢？爱因斯坦早在广义相对论完成之前的 1911 年就预言，光线并不是像我们在学校里学到的那样沿直线传播，虽然在日常观察中大多数情况确实如此，但它们也必然会受到空间变化的影响而呈现出一条弯曲的轨迹。这种空间变化更确切地说是时空

bln sgravenhage 0046 21/19 22/9 10.40 = um Uhr Min.

eddington fand sternverscheidung am sonnenrand vorlaeufig grus

zwischen neun zehntel sekunde und doppeltem = lorentz +

1919 年 9 月 22 日，洛伦兹给爱因斯坦发了这样一封电报：“爱丁顿发现行星围绕太阳偏转，初步测量偏移应在 0.9 秒到其两倍之间。”

爱因斯坦的声望（左图，1919 年 12 月《画报》的封面），并没有给他带来幸运。从 1920 年起，他就成了反犹太主义运动的目标之一。在法国，他因德国人的身份而受到指责。

变化。他甚至计算出了来自某一颗位于太阳背面的行星所发出的光线，绕过太阳并传播到地球所经过的路线的曲率。他得出的结论是，这颗恒星应该出现在与预期不同的地方。

要想看到太阳后面的一颗行星，就必须完全遮住太阳，否则它耀眼的光芒会阻止你看到任何其他天体。因此，爱因斯坦所预测的光线曲率只能在日全食期间偶尔得到证实。1914 年 8 月，一个德国天文学家小组被指派前往西伯利亚对日全食进行观测。但第一次世界大战在日食前几天爆发，德国天文学家被俄国人俘虏，爱因斯坦的预言没能得到证实……直到战争结束后，英国人以爱丁顿的名义接手观测任务。因此，在 1919 年 5 月 29 日，爱丁顿和他的助手们在太阳被两朵云完全遮住的期间拍摄到这颗著名行星的几张照片。回到英国后，他们对照片进行了分析。这颗行星就在爱因斯坦预言的地方。据报道，爱因斯坦在收到电报后说："这并不令我惊讶，若非如此，对上帝来说就十分遗憾。"

“在我访问英国期间，我亲眼看到那里的科学家通常比我们的德国同事更没有偏见、更加客观。这并不奇怪，因为他们在各方面的处境都比较轻松。但最后，我不能不注意到，相当多的英国著名学者是和平主义者，他们拒绝携带武器，例如爱丁顿（右图）和罗素。”

“这是改善英德科学关系的最大希望”（爱丁顿致爱因斯坦）

上述这些原因或许很难解释为什么这次科学活动如此成功。要理解这一点，我们必须记住，欧洲是从四年多的自相残杀中走出来的。英国天文学家证实了德国的一个理论，这一事实立即被一些和平主义者和国际主义记者认为是恢复和平的象征——证明科学能够克服民族主义，甚至带来和平。如今，我们知道这只是一种错觉，但在 1919 年，世界舆论还没有意识到这一点——科学对自然的支配所隐含的潜在破坏性。

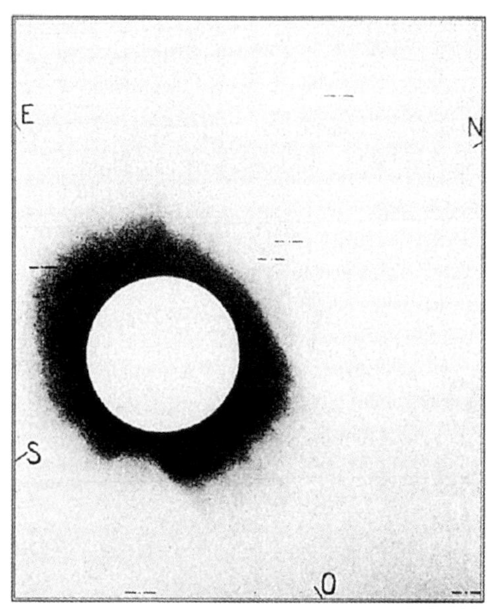

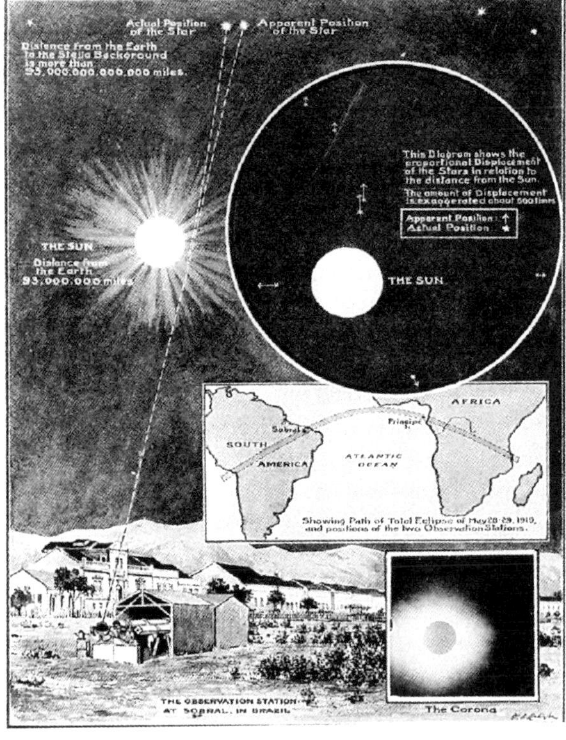

爱丁顿在1919年12月写给爱因斯坦的信中说："整个英国都在谈论你的理论。"爱丁顿确实是那个凭借着对科研的坚韧固执而使爱因斯坦扬名的人。在世界大战中，爱丁顿为两次科研远征提供资金，以验证一位德国科学家非常不符合常理的理论。爱丁顿的理由是，这一理论可能是"数学推理能力的最好例证之一"。要做这一验证并不轻松，但这不足以阻止阿瑟·斯坦利·爱丁顿——他是贵格会教徒，出于反战而拒服兵役，是广义相对论和各国人民友谊的无条件捍卫者。爱丁顿还需要很强的乐观心态，才不会对观测感到绝望。他在普林西比等待了三个星期，在他预测会发生日食的时间，突然下起了雨。

和平主义信条

爱因斯坦并不完全认可这种错觉，但无论如何，他对科学的国际性质毫不讳言。“科学最大的影响不在于思想，而在于物质。”他在 1922 年写道，“技术发展在很大程度上使经济进程国际化，并将所有新型战争转变为世界性的战争。”他补充说：“当这种情况在人们的意识中根深蒂固时，他们就会有意建立能够阻止战争的组织。”这句话很好地概括了他干预政治的动机：维护世界和平。

爱因斯坦没有等到战争结束才表明他的和平主义理念。早在 1914 年，当柏林的所有知识分子都在一份请愿书[①]上签名支持德国军队及其领导人时，作为德国文化的守护者，他强烈谴责请愿书上提及的“让蒙古人和黑人进入白人社会是可耻的”[②]。爱因斯坦和他在柏林的另一位同事一起撰写了一份《告欧洲人民书》，邀请知识分子用他们所有的影响力来结束狂热的民族主义激情。除了作者外，只有两个人在这份呼吁上签名。[③]

但必须承认，爱因斯坦在战争期间的政治活动已无疾而终。这既是因为这一时期对和平主义者非常不利，也是因为他全神贯注于广义相对论（爱因斯坦有瑞士公民身份，因此没有被军队动员起来）。除了这些原因，他也有许多私人原因：他于 1914 年和米列娃离婚，于 1919 年与他

---

① 此请愿书名称见第 33 页脚注。

② 此段话的原文为：“Sich als Verteidiger europäischer Zivilisation zu gebärden, haben die am wenigsten das Recht, die sich mit Russen und Serben verbünden und der Welt das schmachvolle Schauspiel bieten, Mongolen und Neger auf die weiße Rasse zu hetzen.”（那些与俄罗斯人和塞尔维亚人结盟，并让蒙古人和黑人进入白人社会，造成白人世界耻辱的人，无权称自己为文明的捍卫者。）

③ 《告欧洲人民书》由阿尔伯特·爱因斯坦与著名生理学家格奥尔格·弗里德里希·尼古拉共同起草。此外，签名人中曾有一位先前签署过《告文明世界书》，他是柏林天文台台长菲斯特。另一人为波兰物理学家英费尔德。

的表妹结婚（他与表妹曾有一段时间的婚外情）。此外，在 1917 年和 1918 年期间，他因努力建立广义相对论而精疲力竭，几乎一直生病。

等到战争结束，他认为表明他的政治信念的理想时机已经到来。

为了使言行一致，他决定无论是否喜欢这一降临在他肩上的名望，都应利用它来推进他所珍视的事业，首先就是和平事业。因此我们可以说，虽然爱因斯坦的神话是由媒体推动形成的，但他自己也因对道德伦理的巨大贡献而闻名。

从 1919 年到 1933 年，爱因斯坦被迫离开德国，但他仍活跃在几个组织中，进行政治干预，特别是在国际联盟知识合作委员会。在那里，他积极参加了对同盟国抵制德国科学的反抗，并领导了一个委员会，负责调查德国军队在战争期间在比利时犯下的罪行，后于 1923 年辞职，表达对法国军队占领德国鲁尔区的抗议。

早在 1914 年 10 月，爱因斯坦就明白，战争留下的只有战败者。“所有国家的知识分子都必须利用他们的影响力，这样和平的条件就不会成为未来战争的根源。”

爱因斯坦的和平主义也有其局限性，因为他的意识局限在精英阶层，似乎只有知识分子才会想要和平：“欧洲历史上的大多数重要知识分子都是和平主义者。他们之所以是和平主义者，是因为他们的工作需要逻辑。”（上图，1921 年 7 月 31 日，柏林的和平示威）

“很难说是你们（法国人）的胜利还是我们（德国人）的失败会有最致命的下场。”1919年，爱因斯坦在“新祖国同盟”——未来的德国保卫人权同盟——为纪念法国和平主义者保罗·科林而举行的一次会议上说：“战争激起了民族主义的狂热，有可能使我们两个国家之间的仇恨永久化。”

1932 年，国际联盟分发了一本名为《为什么要战争?》的小册子，里面是爱因斯坦和弗洛伊德来往的信件。

值得注意的是，爱因斯坦支持拒服兵役者——在 1931 年审理拒服兵役案件期间，他写道：“由于对裁军谈判会议的失望，我开始相信，只能寄希望于那些有勇气牺牲自己、拒服兵役的人，只有他们才能让世界逐步摆脱战祸。”但在希特勒上台后，他改变了主意。

Copyright, 1931, by The New York Times Company.

THE ROAD

The Noted Scientist, With th

Material Disarmament, a

阿尔伯特·爱因斯坦和保罗·朗之万有着强烈的和平主义信念和相同的物理理论观点。朗之万是爱因斯坦巴黎之行（左图）的策划者之一，这次旅行被认为是超越了民族主义的仇恨、重建国际学者团体计划的一部分。朗之万的研究成果曾非常接近于建立质量与能量之间的等量关系（著名公式 $E=mc^2$），在相对论和量子力学理论提出后不久，他便花费大量心血，将这些理论引入法国，并在法兰西学院教授这些理论。

UNDAY, NOVEMBER 22, 1931. TWENTY-FOUR PAGES

) PEACE—BY EINSTEIN

rmament Conference in View, Calls for Mental as Well as
ers a Plan to Help Free the World From War's Menace

“犹太主义”式的个人定义

与捍卫世界和平一样，犹太人民的事业是爱因斯坦经常参与的主题之一。他出生在一个梦想融入德国社会的无神论家庭。1911 年到 1912 年在布拉格期间，爱因斯坦似乎意识到生而为犹太人意味着什么。

“当我读到‘信奉犹太教的德国公民’时，”他后来在 1920 年写道，“我忍不住苦笑。这个美丽的名字背后隐藏着什么意义？是否会有一种‘无宗教信仰’让我们不再是犹太人吗？不，没有。”

他补充道：“谈论信仰，是为了掩盖这样一个事实，即犹太人的特征不是他的信仰，而是他属

爱因斯坦和居里夫人在国际联盟知识合作委员会共事（上页下图，在日内瓦的一次会议上），他们保持着友好的个人，甚至是家庭关系。他们两个家庭带着各自的孩子，在阿尔卑斯山度过了一个暑假。

爱因斯坦似乎并没有真正领略到波希米亚（今属捷克）的首都布拉格（上图，犹太区）的魅力，尽管他一定在那里遇到了马克斯·布罗德，也许还遇到了卡夫卡。

于犹太民族。我们必须重新学会为我们的历史感到自豪。作为一个民族，我们必须重新承担起文化传承任务，以加强我们的民族团结意识。”

这就是爱因斯坦所说的“犹太主义”的本质。因此，他满怀希望地欢迎《贝尔福宣言》。该宣言宣称，英国于1917年11月2日承诺在英属巴勒斯坦托管地建立一个“犹太民族家园”。正是在这种背景下，爱因斯坦主张在巴勒斯坦建立一所高水平大学，而不是一所平庸的大学，并于1921年同意前往美国为这项事业筹措资金。“当然，”他颇有自知之明地写道，“他们并不需要我的学识，只需要我的声望，它带来的舆论效力有望在富有的美国犹太人中获得丰厚的资金。”

事实上，爱因斯坦在他的余生中一直关注着耶路撒冷希伯来大学的发展，他花了大量的时间和外交手段来解决学校的内部冲突，甚至为他们制定了

停战后，原为奥斯曼帝国的领土巴勒斯坦被置于英国委任统治之下，英国政府因此能够“保证”《贝尔福宣言》。

在血腥示威之后，一个英国调查委员会建议废除委任统治制度，将巴勒斯坦分裂为一个阿拉伯国家和一个犹太国家，爱因斯坦有预见性地反对这一解决方案。

未来的数学和物理学的教学课程。

尽管爱因斯坦钦佩这里犹太定居者的辛勤工作和获得的成就，但他清楚他们在属于阿拉伯人的土地上定居。他多次就这一问题发表演讲，毫不含糊地谴责犹太和阿拉伯极端分子——特别是在 1929 年耶路撒冷的阿拉伯暴乱期间。爱因斯坦寄希望于英国政府能在他的公众舆论的驱使下，确保

两个民族之间的和谐关系，然而他对公众舆论的期望过高了。

20 世纪 30 年代，德国反犹太主义的兴起显然加强了他对建立犹太人家园必要性的信念。因此，这一迫不得已的处境，让他接受了在第二次世界大战后建立以色列国的方案。

1921 年爱因斯坦第一次拜访美国的哈伊姆·魏茨曼，后来魏茨曼成为以色列的首任总统。

反抗纳粹主义的斗争

因为爱因斯坦是犹太人，是人权的捍卫者，是一个和平主义者和世界主义者，他很快就成了纳粹军队中极端分子的目标。

1920 年，他的一位同事菲利普·勒纳在一个反犹太组织的帮助下，在柏林爱乐音乐厅组织了一次“反相对论”会议。这不过是这场运动的开端，这一运动后来在德国大学内部发展起来，勒纳是领袖之一。

这场被称为“德国科学”的运动旨在清除科学中所有非雅利安人的痕迹——相对论和量子理论是他们的头号目标。1933 年希特勒掌权后，犹太学者很快就被从大学的管理人员中除名，甚至连爱因斯坦的名字都被禁止讨论。

爱因斯坦于 1933 年离开德国。更确切地说，他当时正在美国旅行。1 月底，希特勒掌权。当爱因斯坦返抵欧洲时，他决定不回柏林，而是留在比利时。与此同时，他向普鲁士科学院递交了辞职信，因为他不想再依赖一个“拒绝法律面前人人平等的权利，以及言论和教育自由的权利”的政府。面对德国日益恶化的局势，他接受了普林斯顿新成立的高等研究院的邀请，该研究院在 20 世纪 30 年代收容了许多有声望的难民。

爱因斯坦于 1933 年移居美国，并于 1940 年成为美国公民。身份的变化并没有妨碍他积极参与拯救德国犹太人的事务，特别是许多逃往法国、英国或美国避难的犹太学者，他们没有得到像爱因斯坦一样称心的职位。爱因斯坦拒绝与留在德国的学者产生任何关联，直到他生命的尽头。他对德国人怀有一种原始的仇恨，鉴于他始终给人一种按照理性规则行事的印象，因此这种仇恨是令人震惊的。

nilienname (bei Frauen Geburtsname): E i n s t e i n

rnamen (Rufname zu unterstreichen): Albert

milienstand: ledig verheiratet verwitwet geschieden

- und Familien-(Geburts-)name
es (bzw. früheren) Ehegatten: Elsa geb. Einstein

“鉴于目前德国的情况，我特此申请辞去我在普鲁士科学院的职位。学院让我花了 19 年的时间从事我的科学工作……然而，在目前的情况下，我已无法忍受依附于普鲁士政府和要求我承担的义务。”[上、下图是 1934 年 3 月 24 日，德意志第三帝国（纳粹德国）剥夺爱因斯坦德国国籍的官方文件，右图是 1933 年柏林的判决仪式。]

orstehend bezeichnete Person ist rechtskräftig verurteilt worden:

	durch	wegen	auf Grund von	zu	Bemerkunge

r Deutschen Staatsangehörigkeit für verlustig erklärt durch
kanntmachung vom 24.3.1934, veröffentlicht in der Nr.75 des
utschen Reichsanzeigers u.Preußischen Staatsanzeigers vom 29.3
34.

rt und Datum:

Unterschrift (Behörde):

为了庆祝爱因斯坦50周岁生日，柏林市向爱因斯坦提供了一座位于卡普特水边的木屋。在那里，他可以沉醉于他的爱好之一：帆船。

爱因斯坦从他的母亲那里继承了对音乐的热爱。他是个好小提琴手吗？人们意见不一。然而，小提琴，特别是室内乐，在爱因斯坦的生活中占有重要地位。他甚至在卡内基音乐厅举办音乐会，为他赞助的无数慈善事业筹措资金。在前往日本、美国或拉丁美洲旅行途中，爱因斯坦把小提琴带到大型客轮上，随机给遇到的游客以三重奏或四重奏的形式表演。

现有的进攻性武器如此之多，以致地球上没有一个地方能够幸免于突然的爆发性破坏。唯一的和平保障是建立一个超国家机构。我们必须建立一个能够基于法律规定来解决国家间冲突的“世界政府”。

——给芝加哥学生的信

爱因斯坦提出了他的要求，即原子弹不应提供给其他大国，特别是俄罗斯……爱因斯坦所要求的“世界政府”似乎是按照标准石油公司的形象设计的，有统治者和被统治者。一个才华横溢的专家头脑却长在了一个糟糕的小提琴手身上，他对政治一窍不通，像个幼稚的大学生。

——贝尔托特·布莱希特，

《工作日记》，

1945 年 10 月 28 日

流亡普林斯顿

爱因斯坦在美国生活了 22 年，几乎从未离开过普林斯顿，在那里他除了与像他这样有名望的人交往之外，没有别的职责。然而，在这 22 年的时间里，他也从不回避那些经常向他提出问题的人。

他在美国的政治生活中，最著名的就是他在 1939 年 8 月 2 日写给罗斯福总统的信，信中敦促总统，美国要在德国人成功制造出原子弹之前，抢先制造出来。

我们知道故事的其余部分：美国的物理学家和技术人员聚集在美国西部洛斯阿拉莫斯沙漠中的一个军营里，成功制造出了原子弹，其中两枚被投掷在广岛和长崎，结束了与日本的战争，但造成了数十万人的死亡。

从 1945 年到 1955 年去世，爱因斯坦以他的道德威望支持原子科学家紧急情况委员会，这是一个由一些参与美国研制原子弹计划[①]的科学家创建的组织，他们对国家和军队对科学研究的控制感到担忧。他还积极参与美国知识分子抵制麦卡锡主义时期发展起来的歇斯底里的反共情绪的运动。特别是干预了物理学家埃塞尔・罗森堡和朱利叶斯・罗森堡夫妇的案件，这对夫妇信仰共产主义，因被怀疑有叛国罪而被判处死刑。他最后的政治行动，也是他最后的著作，是与英国哲学家伯特兰・罗素共同撰写的、向科学家发出的废除战争的呼吁，如同他 1914 年第一篇政治宣言《告欧洲人民书》的翻版。

---

① 美国研制原子弹计划即著名的曼哈顿计划，由美国陆军部于 1942 年 6 月开始，并于1945年7月16日成功进行了世界上第一次核爆炸。这一计划的负责人为莱斯利·理查德・格罗夫斯和罗伯特・奥本海默。

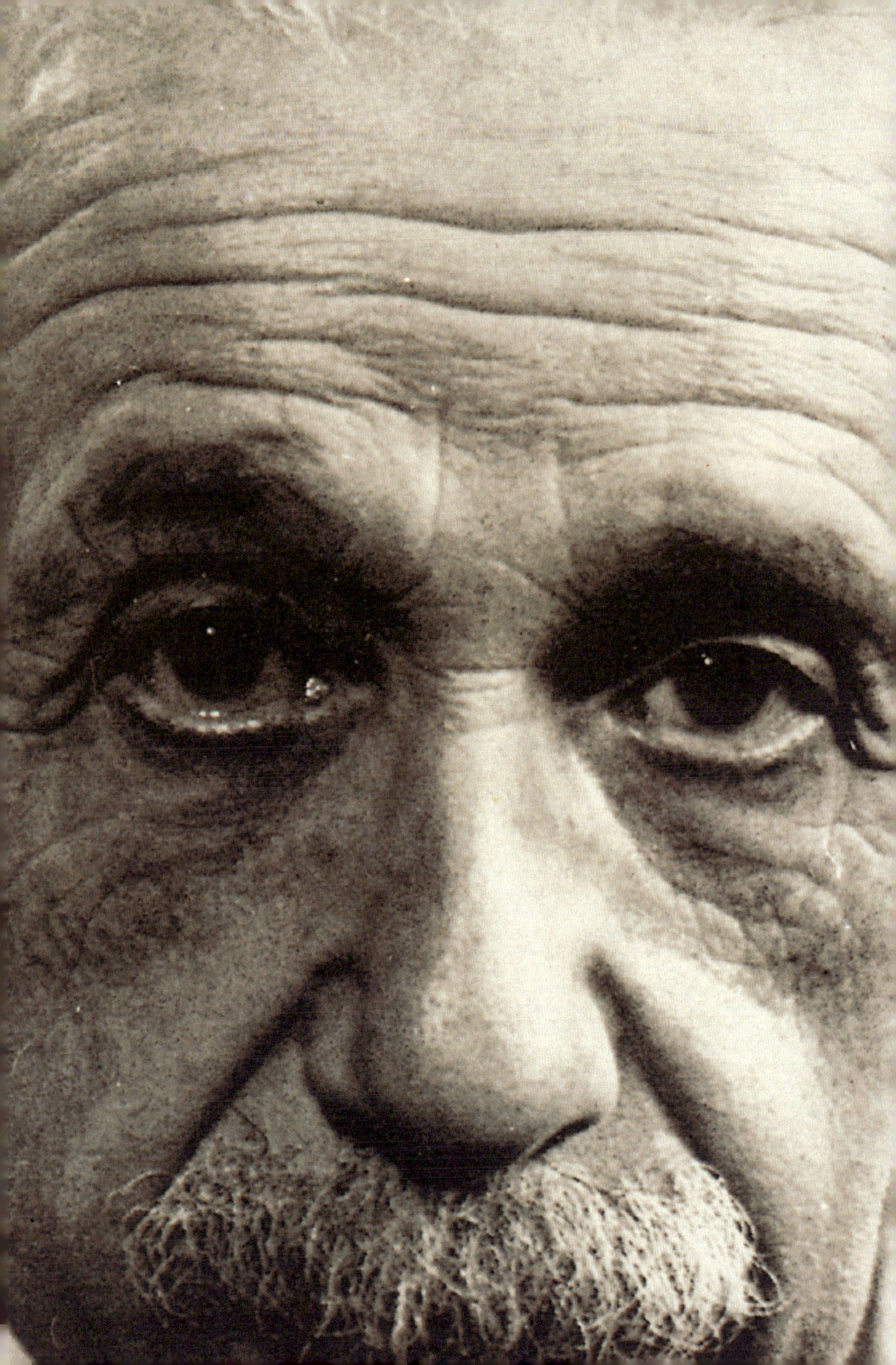

L E   V I E I L   H O M M E   S E U L

第六章
孤独的老人

亲爱的玻尔，我由衷地感谢你在我的70岁生日这样一个微不足道的场合大驾光临。无论如何，这不是讨论那个基本问题——上帝是否真的在掷骰子和是否应该坚持我们所处的现实可以用物理学来描述——的场合。

——1949年4月4日

“玻尔（上图）发表他的意见时，像一个仍在探索的人，而不是一个确信自己已经掌握了真理的人。”

Impuls
Hyp.

“让我再唱一首孤独的老歌”

爱因斯坦在1949年写给尼尔斯·玻尔的信中这样写着。然后他补充道：“这让我想起了那本旧书中的一句台词：‘在候选人乔伯彻演讲时，台下的观众纷纷点头……’”

事实上，爱因斯坦就是这样度过他作为物理学家的最后一段时光：他就像一个过时的老者，听众出于对他辉煌历史的尊重和对他年事已高的礼貌，象征性地听他讲话，但不再思考他讲话的意义，只等着他何时说完。

爱因斯坦和后辈物理学家的观点分歧主要集中在量子理论上，爱因斯坦提出的光量子的理论帮助了量子理论的建立。量子理论的奇怪之处在于，它反对将基本的物理物体，如电子、质子，甚至在某些情况下的原子想象成沿着明确的轨迹运动的物体，这一理论完全打破了传统的直觉观念。更重

正如经常发生的那样，当爱因斯坦的研究停滞时，他便开始积极回应同事们的邀请，并开始周游世界，四处演讲。他有几次在美国待了很长时间，特别是在加利福尼亚州。美国天文学家对广义相对论得出的宇宙学成果十分感兴趣。此时“量子病毒”正在入侵欧洲大学，爱因斯坦在美国科学家那里找到了一种可以抵御它的安全感。

Mittwoch, 23. Februar 1927, abends 8¼ Uhr
Universität, Auditorium Maximum (122)
VORTRAG
Prof. Dr. A. Einstein
„Theoretisches und Experimentelles zur Frage der Lichtentstehung“

要的是，量子理论反对以具体视觉影像来描述上述物体的任何表现：例如，一个电子是不可分割的，但在某些情况下，比如在电子显微镜下可以同时沿着无限多的轨迹运动。这一理论完全否定了牛顿的经典物理学。

1927年索尔维会议

以海森堡、泡利和约尔当为首的20位年轻物理学家，从爱因斯坦1905年提出的想法中构建了量子理论。这场争论对双方都是痛苦的。这些年轻人在他们的校长、丹麦人尼尔斯·玻尔的带领下，希望得到被他们视为精神之父的爱因斯坦的认可。就爱因斯坦而言，他也希望能够为这些年轻物理学家所取得的成就鼓掌，他非常钦佩甚至喜爱他们，尤其是对尼尔斯·玻尔，玻尔的思想深度吸引了他，他写道："与你见面并交谈是我一生中最特别的经历之一。"他通常相当吝啬使用"最"字。

但物理学发展的进程，或者说是命运，却产生了不如人意的结果。爱因斯坦和他的年轻崇拜者之间的理论分歧，特别是爱因斯坦和玻尔之间的理论

R. H. FOWLER
ED. HERZEN TH. DE DONDER E. SCHROEDINGER W. PAULI W. HEISENBERG L. BRILLOUIN
E. VERSCHAFFELT
H. A. KRAMERS P. A. M. DIRAC A. H. COMPTON L. V. DE BROGLIE M. BORN N. BOHR
H. A. LORENTZ A. EINSTEIN P. LANGEVIN CH. E. GUYE C. T. R. WILSON
O. W. RICHARDSON
ABSENTS : SIR W. H. BRAGG, MM. H. DESLANDRES ET E. VAN AUBEL

分歧，在 1927 年第五届索尔维会议上发生了戏剧性的公开转变。欧内斯特·索尔维是一位比利时实业家，他通过发明一种制造苏打水的工艺而发家致富。就像其他富商支持舞蹈或足球俱乐部一样，索尔维资助在布鲁塞尔定期举行的高级别科学会议。

1927 年，年轻的物理学家经过几年的讨论，终于达成了一致。

在布鲁塞尔举行的会议使他们有机会介绍他们感到自豪的成果。他们当然早已预料到爱因斯坦的抵制，但他们仍希望可以说服他。然而这项工作比预期的要困难得多，他们对此感到失望。爱因斯坦提出了几个反对意见，迫使他们强化自己理论的严谨性。据说爱因斯坦在晚餐时提出的

在两次世界大战之间的科学会议并不是今天人们所描绘的那种上流人士的交际场合。索尔维会议经常被模仿，但从未被超越（上图是 1927 年的索尔维会议），它是精英会议的典范，只有少数精英才被选为与会者，在那里他们进行激烈的讨论，每个人的观点，不论对错，都自认为是在“推动科学”。上页图是 1931 年的爱因斯坦和马克斯·普朗克（图中最左）。

反对量子力学的论点，让玻尔花了一夜的时间思考，在第二天早餐时才得到解答。

1932 年，物理学家马克斯·德尔布吕克为取悦他的同事们，创作并表演了歌德《浮士德》的仿制品，乔治·伽莫夫（《汤普金斯先生梦游仙境》的作者，也是 α 衰变之父）为节目作图（上页图）。

保罗·埃伦费斯特：爱因斯坦与玻尔的中间人

有一个人在这场理论冲突中扮演了重要的角色——保罗·埃伦费斯特。他是一位在荷兰工作的奥地利物理学家，自从 1911 年在布拉格与爱因斯坦相遇以来，他一直是爱因斯坦的朋友。埃伦费斯特与爱因斯坦同辈，但他敏感地发现了玻尔论点的价值，经常充当爱因斯坦与玻尔的中间人，特别是在 1927 年索尔维会议上。

这些年轻的物理学家不理解爱因斯坦的抵触态度，他们觉得爱因斯坦如今对他们新理论的反对，如同 1905 年那些反对爱因斯坦相对论的保守物理学家。玻尔在谈到那场争论时写道："我记得在争论最激烈的时候，埃伦费斯特以他特有的温和挑衅性方式指出，爱因斯坦的态度与那些反对相对论者的态度有明显的相似之处。埃伦费斯特又立即补充说，除非他和爱因斯坦达成共识，否则他将无法获得理智上的安宁。"

埃伦费斯特永远找不到这种"理智上的安宁"了。他被家庭生活的悲剧所折磨，又被德国掌权的纳粹吓倒，最终在 1933 年自杀了，而部分原因是量子理论的出现使他失去了对物理学的所有确定性。

尼尔斯·玻尔（1883—1962，左图）与阿尔伯特·爱因斯坦（下页图），由埃伦费斯特于1927年在索尔维会议上拍摄。爱因斯坦与一些特定的人，通常是物理学家，保持着忠实的友好关系。显然，爱因斯坦也同样珍惜与玻尔的友谊。但这种友谊并没有妨碍两人进行知识上的论战，这些论战至今仍很著名。

"上帝不掷骰子"

爱因斯坦20年来的反对意见都围绕着量子理论的概率性问题。根据量子理论，以一个电子为例，它可以同时走无限条路径，就像他们所说的具有"不确定性"。这意味着，如果我们测量电子在任何给定时刻的位置，或者把电子换成小球或者行星，我们都不会得到唯一确定的

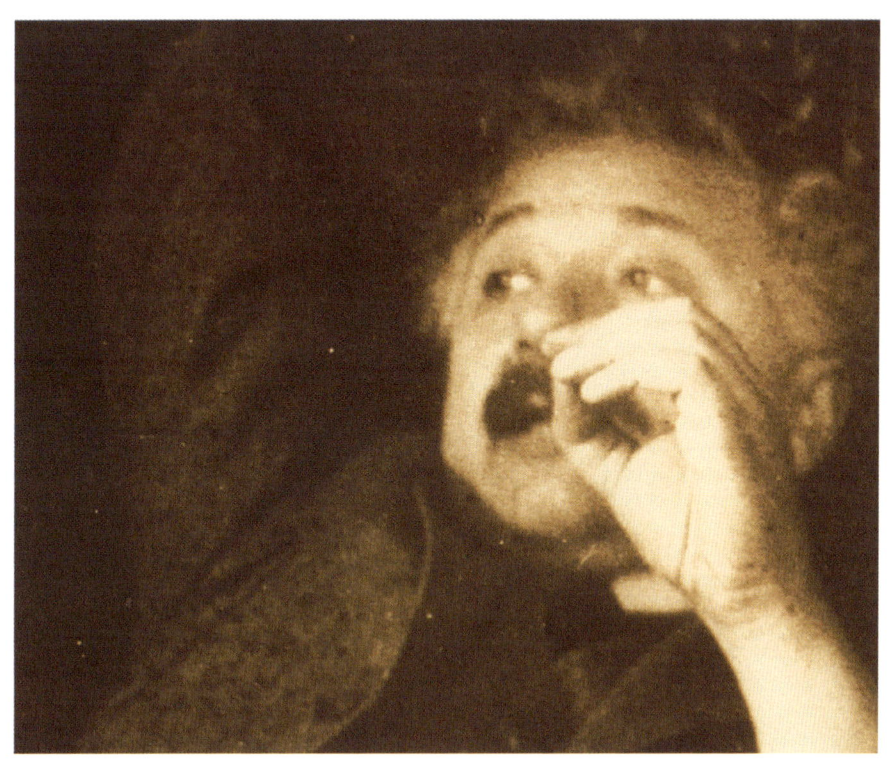

结果。因此该理论认为，预测电子的位置只能以概率的方式定义——我们只能计算出电子在某个时刻、某一位置出现的概率。我们必须放弃对电子位置的唯一确定性预测，必须满足于这是一个概率的问题。爱因斯坦不承认这一理论，他常说：“上帝不掷骰子。”

保罗·埃伦费斯特（1880—1933，上页下图）是玻尔和爱因斯坦的朋友，他自己也是一位才华横溢的物理学家，在量子理论的发展中发挥了重要作用，也在玻尔和爱因斯坦的论战中发挥了重要的调节作用。

对“大一统”的追求

许多科学家对量子理论的改进尝试都被证明是徒劳的，但这并没有阻止爱因斯坦坚持他孤独的观点，直到他去世。事实上，爱因斯坦承认量子理论取得了巨大的成功，但他认为从本质上说，这个理论永远不可能让人满意，它只具有暂时性和近似性。

亲爱的薛定谔，你是当代物理学家中唯一一个知道现实假设是无法回避的人——只要你是诚实的。大多数物理学家没有发现自己在危险地玩弄现实，而现实是独立于任何观测的。他们武断地认为，量子理论提供了对现实的描述，甚至是完整的描述。看到我们的理论还处于襁褓阶段，我感到十分痛苦，难怪人们拒绝接受它（即便是为了他们自己）！

——1950 年 12 月 22 日的信

爱因斯坦有更高的抱负——建立一个大一统理论，可以在一组方程式中同时描述光、物质和引力的性质。在他看来，这样一个理论应该建立在他的狭义相对论和广义相对论的基础上。爱因斯坦认为量子理论对电子的行为描述得很差，而以相对论的研究方式建立新的理论，必然会推导出电子的唯一确定行为。他甚至希望可以从广义相对论的延伸中推断出粒子的存在性质。

20 年来，爱因斯坦以无限的耐心致力于这一统一理论的发展，他不因失败而沮丧，也不抱有过分的幻想。"很多人认为，"他写道，"我平静而满意地看着我毕生的成果。但实际情况并非如此。我不确信我的任何一个理论会经得起时间的考验，我甚至怀疑自己是否走上了正确的道路。但同时代的人认为我是一个异端、一个反动分子，认为我固执地活在自己的世界里。"

L'HÉRITAGE D'EINSTEIN

第七章 爱因斯坦的遗产

今天，科学家们用两个基本理论来描述宇宙：广义相对论和量子力学——这是 20 世纪上半叶的两个伟大的智慧成就。不幸的是，这两套理论是互不协调的。当代物理学家的大部分努力，即寻求一个能将其合并在一起的新理论——量子引力理论。

——斯蒂芬·霍金，《时间简史》

爱因斯坦的遗产中最伟大的部分就是引力波的发现，它是广义相对论的一个观测结果。至今，各国已经计划并建立了多个引力波“观测站”。

爱因斯坦一生都是一个孤独的人：当他 25 岁在伯尔尼时，在专利局完成了他的评审工作后的晚上，他独自在新的基础上重建物理学；当他在柏林时，也是独自努力发展广义相对论，广义相对论的难度比他最初想象时要大；后来在普林斯顿时，他就像希腊神话中的珀涅罗珀一样，反复尝试将广义相对论包装为自然界所有物质的大一统理论，但他没能成功，而他周围的年轻物理学家则忙于发展量子力学。爱因斯坦是量子力学之父，但量子力学的发展却令他深恶痛绝。

爱因斯坦从未加入任何一个研究小组。在这方面，他确实像是另一个时代的人，因为当今的科学研究只能在国家或工业界资助的实验室或研究团队中开展。即使在他那个时代，他也是一个“怪人”，因为科学研究的集体协作模式是在两次世界大战之间建立起来的。第一批大型实验室建立在德国，接着在英

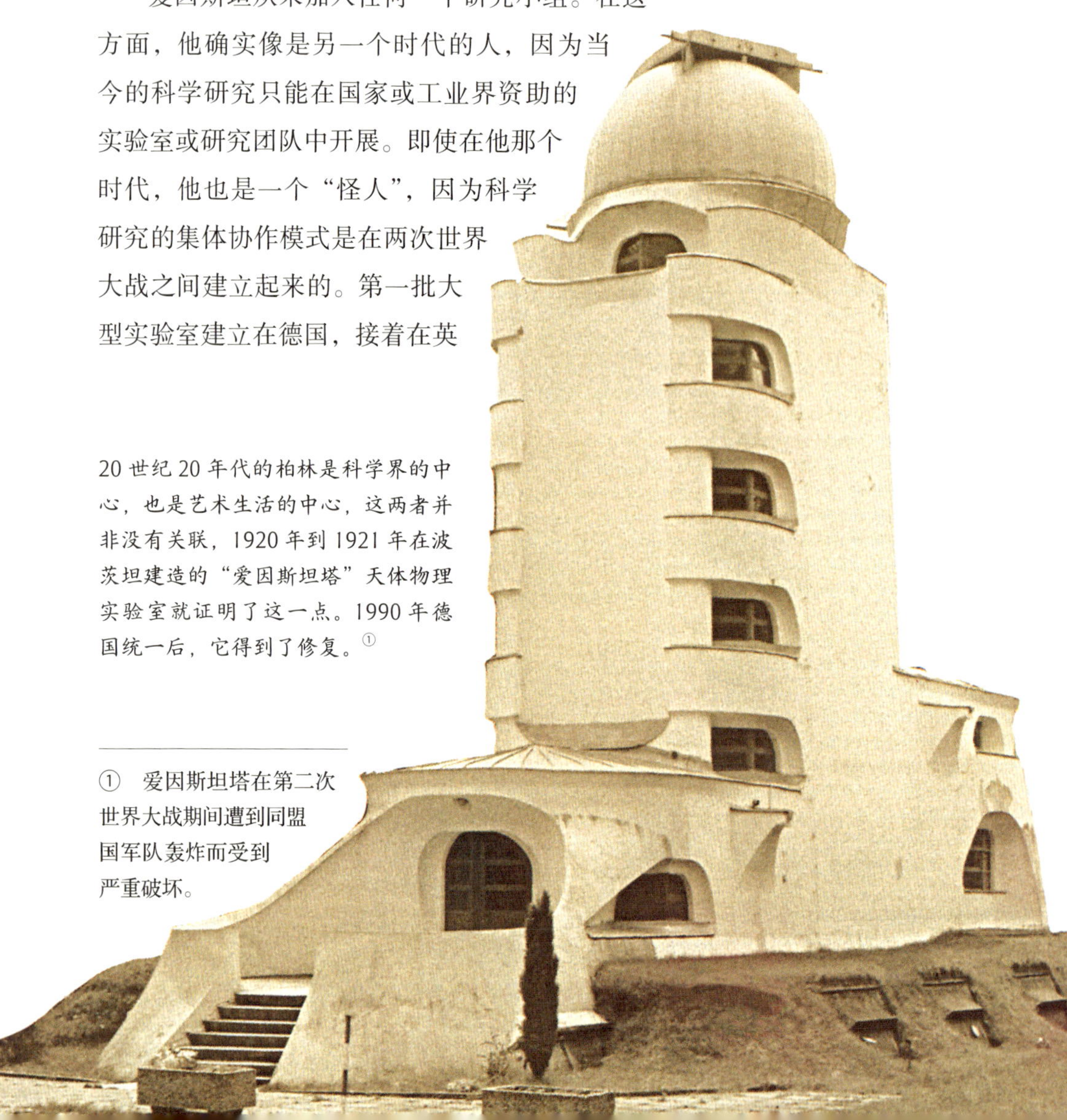

20 世纪 20 年代的柏林是科学界的中心，也是艺术生活的中心，这两者并非没有关联，1920 年到 1921 年在波茨坦建造的“爱因斯坦塔”天体物理实验室就证明了这一点。1990 年德国统一后，它得到了修复。[①]

① 爱因斯坦塔在第二次世界大战期间遭到同盟国军队轰炸而受到严重破坏。

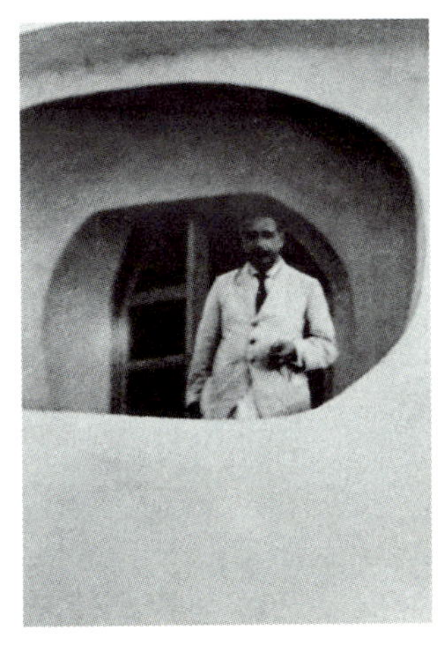

国、法国建立，而后又在美国建立，此时的爱因斯坦已成为世界著名科学家。

与 20 世纪上半叶另一位非常伟大的物理学家尼尔斯·玻尔相比，爱因斯坦孤独的工作方式是十分惊人的。

玻尔早在不到 30 岁的时候，就试图建立一个所谓的哥本哈根学派，为自己提供财政和体制手段。玻尔在他的研究所接待来自世界各地的年轻研究人员，与他们进行讨论，直到深夜仍激情澎湃。相反，爱因斯坦没有“真正的门生”，在他生命中的某些时期，他最多只是和数学家合作：最先是和马塞尔·格罗斯曼，然后在普林斯顿得到了一大批年轻的合作者，他利用他们的数学能力，而不是在培养他们。

“爱因斯坦塔”的建筑师埃里克·门德尔松（1887—1953）属于十一月集团，这是一个以社会主义为目标的“动态”运动，深受 20 世纪初物理学成果的启发。下面一段话截取自他写于 1923 年的著作《动力和功能》，明确地表达了他的意识形态：“既然我们已经知道了物质和能量的概念，曾经的科学认为这是两个不同的物质，如今证明不过是同一原始物质的不同状态，宇宙中所有物体都与宇宙有关，与整体世界有关。那么工程师应放弃死板的物质机械理论，重新为自然服务……不要忘记，个人创造……与现实的相对性有关，就像现在和未来与历史的相对性有关一样。”

爱因斯坦在量子力学中的遗产

爱因斯坦也是最后一位经典物理学家，因为他从未真正接受过量子理论的概率解释。爱因斯坦一直拒绝这一理论，即一个实验的结果不是唯一的，我们不能肯定地预测结果，只能以一定的概率预测。

因此，直到他生命的尽头，他一直在重复，量子力学远不是他所设想的完整的理论，它缺少一些要素，这些要素会使量子力学成为具有确定性的理论，而不是概率性的。他在给保罗·埃伦费斯特的遗孀塔蒂亚娜·埃伦费斯特的信中写道："以后会有一个新理论，它可以避免概率的性质，并在理论中引入更多的物理量。"

不可分割、纠缠、退相干

这些术语在物理学家的口中已经很常见了，他们试图从量子理论来尝试如何解释宏观世界（我们的世界）、如何处理微观物体（电子，光子等）。

1935年，时值爱因斯坦被流放到普林斯顿两年，他和另外两位物理学家一起撰写了一篇短文，阐述了著名的“EPR悖论”——“EPR”是三个签名者的首字母：爱因斯坦、波多尔斯基和罗森。

悖论内容为，直接在物体A上进行测量的结果，与先测量物体B再测量物体A得出的结果是不同的。这一结果与最基本的常识相矛盾。

爱因斯坦从中得出了一个结论：要么量子理论没有考虑到所有的现实因素，它必须加以补充，使之符合常识；要么量子理论是正确的，我们必须承认，曾经相互作用过的物体，即使以后再也没有过相互作用，也不会“分离”。不用说，爱因斯坦选择了第一种。

汤普金斯先生和他的同伴们在量子丛林的中心进行探险时，遭到了一群老虎的袭击。理查德爵士瞄准了最近的老虎的眼睛，但没打中。“不要试图瞄准正确，”这位研究量子理论的教授建议他，“此处只有一只老虎，但它散落在大象周围。”就像乔治·伽莫夫想象中的老虎一样，它无处不在，宛如一群老虎。就像一个电子通常存在于各处，在这里和那里都能被人找到。由“EPR悖论”所揭示的“不可分割”的性质更令人惊讶。20世纪80年代初，阿兰·阿斯佩通过一项关于光粒子（光子）的实验对其进行了验证，他用新一代精确探测器，花费了几个月的耐心，从对不可分割性的验证转移到另一个具有惊人性质的实际应用——“退相干”（量子信息处理和量子密码学）。

物体状态的“纠缠”（或“缠结”）反映了不可分割性。由于物体A从不与环境分离，它的“量子状态”（即关于物体A的所有信息）必须不可分割地包含关于物体A和环境的信息。这种“缠结”被称为“纠缠态”。

问题是，为什么这种不可避免的纠缠在我们的宏观世界（在这里，物体似乎是分开的）中没有被“看到”。解决这一问题，就是“退相干”的用武之地。退相干指的是当物体A不是电子，但达到了宏观尺寸时，会产生影响（纠缠）状态的干涉现象。这种干扰类似于无线电信号的干扰，它是由许多其他信号叠加而成的，叠加状态越大，退相干越快，二者成正比。量子退相干是量子纠缠的结果，它确实存在，但无法被感知。1999年，在巴黎高等师范学院的卡司特勒－布洛索实验室实现了一个科学目标，即“在事实中”获得退相干，从而直接见证了量子世界向宏观世界的过渡。

在很长一段时间里，除了作者和一些“快乐的少数人”，相对论被大众认为是不可理解的。如今，它通常被安排为高中时的物理课程。这一理论至今未被改变，只是物理学家看待它的方式发生了变化。在20世纪50年代，广义相对论被认为是数学的一部分，而不是物理的一部分，因为物理处理实际问题：制造收音机、生产核能……爱因斯坦本人经常被称为数学家，例如，1955年《巴黎竞赛》刊登他去世的消息时。

“只有三个人才能理解的理论”

爱因斯坦最心爱的成果就是他的广义相对论，他为此呕心沥血，又花了30年的时间试图进一步发展这个理论。然而，尽管每个人都认为相对论是人类历史上最优美的理论，但只有极少数物理学家能够运用相对论。有传言说，相对论的计算相当困难，以至于世界上只有三位物理学家能够理解它。传说中，那位进行了验证广义相

对论探测实验的爱丁顿在听说了这句话后问道：“我想知道，谁是那第三个？”

在很长一段时间里，广义相对论仅仅是一个宏伟的理论，它观测的对象位于宇宙的尺度上，人类似乎永远无法观测到。

1959 年至 1960 年：广义相对论的复兴

1959 年 9 月至 1960 年 9 月间，一切都发生了突然的变化。1959 年 9 月 14 日，金星在轨道上绕至离地球最近地点，波士顿麻省理工学院的研究人员首次向金星发射雷达信号，并收集到了从金星返回地球的信号。这一实验在当时似乎并未带来新结果，但几个月后人们才发现，实验的失败是一个简单的计算错误造成的，而这个错误并没有让科学家对实验方法产生怀疑。可以说，1959 年 9 月 14 日标志着一个新时代的开始，在这个新时代里，整个太阳系都可以被科学家用高精度的仪器进行测量。

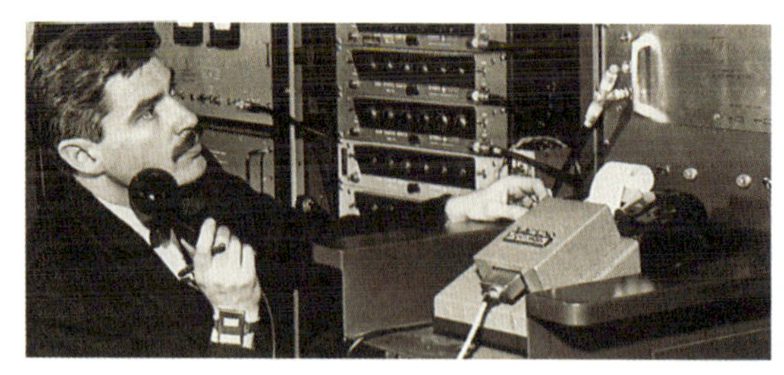

1959 年至 1960 年，人们又获得了第二个里程碑：两位美国研究人员庞德和雷布卡证实了爱因斯坦理论所预测的另一个微弱效应——引力红移，即光远离引力场时会出现频率降低、波长增加的现象，在光谱上看就是向红

庞德和雷布卡测量了哈佛大学杰弗逊大楼顶部和底部之间的引力红移，测量高度为 100 米。位于楼底和楼顶的两个实验者通过一个简单的电话联络。

光端移动。这一实验是在建筑的顶部和底部之间进行的，因此产生的效果较为微弱。庞德–雷布卡实验的成功归功于当时超灵敏的电子探测器。

第三个里程碑建立在1960年的夏天：年轻的英国科学家罗杰·彭罗斯发表了一篇理论论文，他在论文中阐述了应用于广义相对论领域的新的计算技术，这些技术相较以前的更高效、更简单，从数学的角度来看，以前的技术极其烦琐。彭罗斯的学生——其中最著名的是斯蒂芬·霍金，他们利用这些技术，得以预测新的、可被观察到的相对论效应。

最后是1960年，我们开始在太空中发现新天体的一年，这些天体必须借助广义相对论才能得到解释。在一个美丽的夏夜，天文学家利用位于加利福尼亚州帕洛马山天文台的大型望远镜发现了一颗新星，他们希望在那里观察到新星的漫反射亮度。由于这颗新星的亮度变化非常迅速，且主要发射无线电波，它被称为“类星射电源”，简称“类星体”。

相对论天体物理学

1960年广义相对论的复兴促使了一门新学科的诞生——相对论天体物理学。如果没有20世纪末特有的探测技术的非凡发展，这门学科仍只能停留在理论层面。这些探测技术覆盖了所有可能存在的光谱（从X射线到无线电波），并与用于分析所获得图像的计算机方法相结合。更不用说日常中对日益复杂的激光的广泛应用，以及新一代太空望远镜的建造，使我们能够摆脱地球大气层所造成的各种阻碍。

我们观察宇宙的视野得到了极大的拓展。在这次科学冒险中，哈勃太空望远镜扮演了主角。

1990年，哈勃太空望远镜由美国航天局的“发现”号航天飞机发射升空，它比公共汽车稍大，设计的使用寿命为20年，目的是让宇航员定期参观、维护和安装新的仪器。2003年春，“哥伦比亚”号航天飞机事故迫使这些任务中止。然而，这一系列探测取得的成就是巨大的。

在 1960 年以来观测到的新天体中，最令人惊讶和信息最丰富的，无疑是中子星和脉冲星。中子星是处于生命末期的恒星：一颗恒星核心的元素在核聚变反应中消耗殆尽后，就可能会发生爆炸；在这一过程中，它失去热辐射压力支撑的外围物质会在万有引力的作用下坍塌，结果是使其组成物质中的电子转化为一个密度非常高的物质：一勺（约一立方厘米）中子星的物质（顾名思义，主要是中子）在地球上重达 10 亿吨。

自哈勃太空望远镜绕地球运行以来，太空中能被观测到的天体数量有了质的增加。上图是距地球 20 亿光年的 Abell-2218 星系团。

脉冲星就是快速自转的中子星，它们以脉冲方式发射非常强烈的光束，被称为“太空闪光灯”。

所谓的脉冲双星在验证爱因斯坦的广义相对论方面发挥了非常重要的作用。1974 年，赫尔斯和泰勒发现了编号为 PSR 1913+16 的脉冲星，并对其辐射变化进行了长达八年的分析。1982 年，他们宣布：这一发现验证了广义相对论中惊人的预言之一——引力波的存在。

数学家罗杰·彭罗斯（下图）在年轻时，和他的父亲一起发明了一种划时代的“平铺法”。这是纯数学的发明，后来应用在现实中，一些被称为“准晶体”的物体就是建立在这个模型上的。但让他扬名立万的是他在相对论领域的研究，特别是与他的伙伴斯蒂芬·霍金对黑洞的研究。霍金是黑洞蒸发机制的发明者。

脉冲双星（上图）由两颗中子星（白点）组成，其中一颗（下方）是脉冲星。如图所示，它发射出脉冲光束。两颗中子星围绕着彼此运动，更确切地说，是围绕着它们的质心（蓝点）运动。加速的脉冲星除了发出一束脉冲光，还会发出引力波（右下方的波浪箭头）。脉冲星因为发射引力波而逐渐失去能量，这会导致双星轨道的改变（轨道周期将逐渐缩短）。这一现象可以在相当长的一段时间内被观测到。

引力波，天体物理学的未来

引力波被描述为空间的褶皱，它类似于湖面上的波纹，但发生在“时空”中。在广义相对论中，时空是一个四维空间（三维空间上加一个

在过去的数十年中，望远镜变得更加多样化。除了老式望远镜，一个在黑夜中开放的白色圆顶（左图为格林尼治天文台），还有一个大耳朵射电望远镜（它们的反射镜宽达300米），可以接收脉冲星发出的无线电信号，未来探测成果的重点在于太空在轨望远镜。

时间的尺度），并不是完全不受它所包含的物质的影响。相反，正是这些物质决定了时空的几何性质。

一个大质量的物体（如恒星）在加速运动中（如形成脉冲双星的中子星）会使其附近的时空变形，这种变形就像水面上的波纹一样扩散。脉冲星以引力波的形式辐射的能量非常微弱，但会使脉冲双星的轨道变形。这就是赫尔斯和泰勒观测到的时空变形，它显然是引力波存在的间接证据。

目前，人们正在积极寻找更直接地探测引力波的方法。人们设想利用空间的变形，从而利用空间两点之间的距离，在引力波的作用下，借助非常稳定的激光束，在两个反射镜之间反射。几个项目——处女座引力波探测器（意大利、法国）、激光干涉引力波天文台（美国）、GEO 引力波探测器（德国）和 TAMA 引力波探测器（日本）——正在进行中。一个更雄心勃勃的项目，即激光干涉仪空间天线计划（美国、欧洲），不久将启动。[1]其目的是通过显著扩大反射镜之间的距离来提高探测引力波的精确度：这一距离将有几百万千米，而不是几千米，因此只能在太空轨道中完成。激光干涉仪空间天线项目还将研究黑洞在形成过程中发射的引力波。

激光干涉仪空间天线计划预示着天体物理学观测的未来。事实上，当我们掌握了对引力波的观测技术时，引力波将取代光，作为观测天体的手段——与光相比，物质对引力波的吸收更少，因此可以在更远的距离上进行更精确的探测。

① 据新华网报道，北京时间 2015 年 12 月 3 日 12 时 04 分，欧洲空间局用于验证太空引力波观测技术的“激光干涉空间天线探路者”探测器由一枚“织女星”运载火箭，从法属圭亚那库鲁航天中心发射升空。此次发射的试验探测器只是欧空局引力波探测计划的前期任务，用于演示和验证相关技术。正式的“激光干涉仪空间天线进阶计划”将于 2034 年启动，由彼此相距 100 万千米、构成等边三角形结构的三个探测器组成。

黑洞作为一个无法被看见的物体，却产生了大量的概念图像。它们经常被描绘成漩涡、热带飓风和真空虹吸管的混合体，代表了死亡和毁灭的形象——就像这张取自电影《黑洞》(1979) 的图片一样。忧郁的黑色天体在这里找到了它的现代化表达。

寻找黑洞

自《星际迷航》上映以来，黑洞一直是科幻电影的一部分。黑洞有相当大的质量和密度，任何经过其附近的物质都会被吸引并消失在那里，就像被一个无穷无尽的深渊吞没一样。黑洞极具人气显然与它们的灾难性和不可逆转性有关。光和其他物质一样，都会被黑洞捕捉，因此它是“黑”的，无法被我们“看”到。但看不见并不意味着无法察觉，我们能够通过黑洞对时空的影响来识别它们。

引力波的产生就是这些影响之一，激光干涉仪空间天线计划等观测项目将对黑洞进行观察。

让我们想象一个双星系统，其中一个天体是不可见的黑洞，它的同伴是一颗可见的行星，这颗行星围绕着黑洞旋转……看起来围绕的中心好像“空无一物”。哈勃太空望远镜报告了一组恒星围绕着一个缺失的中心“跳舞”的图像，这是目前黑洞存在的最有力的证据。①

爱因斯坦的伟大既在于他的成功，也在于他的错误

这位 1905 年重建物理学大厦的年轻人和那位居住在新泽西州一个村庄的退休老人之间存在着巨大的差距。然而，有一条隐藏的“绳索”将这两个不同的人生时刻联系在一起：爱因斯坦从不害怕犯错。如果我们将他的遗产理解为一系列丰富的思想——这些思想激发了后世人类的思

① 2017 年 4 月 5 日起，事件视界望远镜合作组织的八台射电望远镜对准了一个位于银河系中心的超大质量黑洞人马座 A*，以及一个 M87 星系中心的黑洞，连续进行了数天的联合观测。经过两年的数据分析，《天体物理学杂志通信》于 2019 年 4 月 10 日以特刊的形式通过六篇论文发表了这一重大成果。2022 年 5 月 12 日，在全球七地同步举行的新闻发布会上，事件视界望远镜合作组织正式发布了银河系中心黑洞人马座 A* 的首张照片。这两张照片证实了爱因斯坦的广义相对论预测结果的正确性。

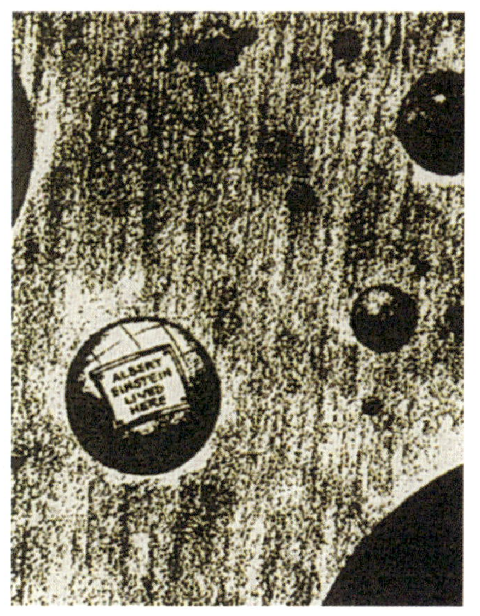

没有人给黑洞起的名字会比约翰·惠勒的更好。他用了一个很好的比喻来描述黑洞无法被直接观察到的性质，以及在双星系统图像中出现的方式。他说，这就像是在半黑的舞厅里，看到穿着白色连衣裙的女人挎着穿着黑色燕尾服的男人的手臂跳华尔兹——女人似乎在一个看不见的轴上不停旋转。同样，寻找黑洞的天体物理学家也在太空中寻找着围绕看不见的中心旋转的行星。

考——那么这些遗产既可以在他的“成功”理论中找到，也可以在他的失败尝试中找到。

想想“EPR 悖论”，1935 年被认为是爱因斯坦反对量子理论的又一次“出路”，它促成了量子理论的更新。让我们再想想“宇宙常数”，它是为了满足他对宇宙的设想而引入的，这种观点在当时被认为是错误，如今又变得不可或缺。即使是他在普林斯顿时期，寻找大一统理论时犯下的错误，长期以来一直被人们认为是一个老年人的幻想，现在也重新成为现实的需要。[①]

① 爱因斯坦在提出“有限无界的静态宇宙”模型时，已经意识到了“宇宙有引力收缩的趋势”，为了不让这个趋势破坏美好的静态，他在广义相对论方程式中引入了一个反引力的“宇宙常数项”以抵消这种引力收缩的趋势。后来埃德温·哈勃的研究揭示了“宇宙常数”的错误。1998 年，天文学家们发现了宇宙中“暗能量”的存在，如今要彻底揭示宇宙中“暗能量”的构成和来源，似乎需要“复活”宇宙常数。

NBC
NBC

TÉMOIGNAGES ET DOCUMENTS

资料与文献

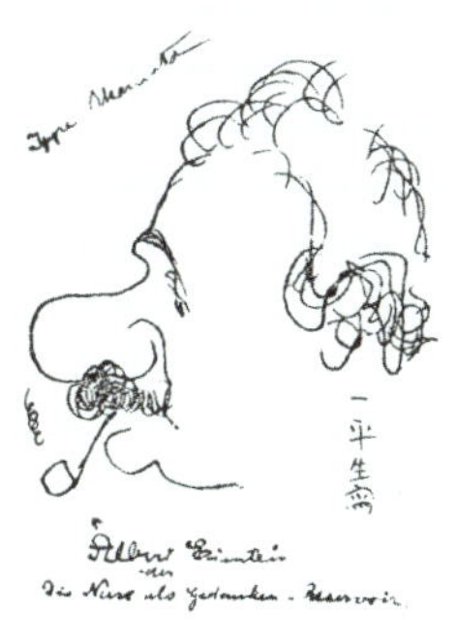

宇宙学：一个常数的出现和消失

爱因斯坦在1917年发表了一篇题为《宇宙学考虑》（Considérations cosmologiques）的论文，标志着现代宇宙学的诞生，而现代宇宙学必然是以相对论为基础的。爱因斯坦对宇宙学（研究宇宙）的兴趣始于1912年，当时他提出了广义相对论的基本思想：时空被其中物质所弯曲。然后他意识到，这个时空，除它的内容外是不可想象的，必须与宇宙等同起来。宇宙学，一度被认为是推测性科学，现在成为物理学的一部分，因为宇宙在与物理物体相互作用，其本身就是一个物理物体。

问题的关键是找到代表宇宙的广义相对论方程的解。要做到这一点，就必须知道质量的分布情况。爱因斯坦假设这种分布在大尺度上是均匀的（任何区域都不应被优先考虑）。他无法想象一个宇宙会有一个开端（就像假设存在一个造物主、上帝一样），于是把他所寻求的解决方案强加给了静止条件（即在时间上不变）。由于他的广义相对论方程式不满足这样的解，他便毫不犹豫地在方程式中引入了一项，它被称为"宇宙常数"。如此便符合了爱因斯坦坚信的宇宙静态论。

与此同时，与爱因斯坦素未谋面的加利福尼亚州天文学家正用越来越大的反射镜窥探太空，丝毫不关心一位德国物理学家提出的理论。当时，大多数星云位于银河系外很远的地方的理论，还没有得到完善的确立。直到1923年，美国天文学家埃德温·哈勃才确定仙女座星云中的一颗恒星位于银河系外。1929年，哈勃根据他的观测结果，认为仙女座星系离我们越来越远，速度越远越快。宇宙膨胀，就像蛋糕在烘焙过程中膨胀一样，星系就像蛋糕上的葡萄，随着烘焙过程的进行，它们彼此分离。

1929年，苏联天文学家亚历山大·弗里德曼（Alexandre Friedmann）和比利时学者乔治·勒梅特（Georges Lemaître）提出了宇宙可能有一个开端的想法，即宇宙是从这一原始形式进化而来的。1948 年，乔治·伽莫夫最先以这个可笑的名字——“大爆炸”，重新提出了这一想法，这也是如今人们普遍接受的宇宙诞生模型的基础。随着天文观测数据的积累，爱因斯坦承认宇宙常数“虽然从相对论的角度来看是可能的，但从逻辑经济学的角度来看必须被放弃”。这是一个对宇宙常数不情愿的、部分认错的态度。

世俗认为一位女性是天文学家，且夜晚都在观测星星，是很罕见的。亨丽爱塔·勒维特（Henrietta Lewitt，1868—1921）证实了这一性别偏见的错误。她发现了 2400 多颗变星（之所以起这个名字，是因为它们的亮度在有规律地变化），占同时代已知变星的一半，建立了造父变星的光变周期与其光度之间的联系——“周光关系”。埃德温·哈勃在一定程度上是受亨丽爱塔·勒维特提出的研究方法影响，才得出了以他的名字命名的定律。他的工作因哈佛大学（美国颇负盛名的大学之一）的管理制度而受挫，迫使他改变了研究主题。这是现实中的可悲对比：亨丽爱塔·勒维特凭借着女性的耐心和毅力编写了测定天体距离的尺度，而埃德温则因宏伟的宇宙膨胀理论大受赞扬。女性要在什么时候才配谈论宇宙？

从 20 世纪 50 年代开始，由于量子理论，宇宙常数重新出现。当时物理学家面临的主要问题之一是 20 世纪上半叶的两大理论——量子理论和广义相对论——之间的不相容性。特别是，一个理论认为真空中存在某种能量，而另一个理论则认为这种能量会改变宇宙。然而，宇宙常数似乎是消除这种真空能量的一种手段。但由于数量级的不匹配，这个假说被放弃了，宇宙常数也随之被放弃了，然而又在 20 世纪与 21 世纪之交重返聚光灯下。

各种精细测量表明，超新星之间的距离比我们预期的要大，宇宙的膨胀正在加速，就好像有一种未知的排斥性反引力——从数学的角度来看，宇宙常数最终可以解释这种反引力，至于它的物理性质，则是另一回事。根据一个相当普遍的假设，宇宙中存在着一种不可观测的“暗能量”和“暗物质”，它们的总和几乎占宇宙中总质能的 95%。[①] 换句话说，我们对宇宙仍然知之甚少。

弗朗西斯·巴里巴尔

① 勘误：原文中写道“宇宙中存在着一种不可观测的‘暗能量’，几乎占宇宙中总质能的 95%”，而宇宙学的标准 Lambda-CDM 模型表明，暗能量在我们宇宙中的总质能占比为 68.9%，剩下 31.1% 为普通物质和暗物质。

日常生活中的相对论

如果爱因斯坦知道他最抽象的理论广义相对论，找到了“实际”的应用——全球定位系统，他一定会大吃一惊。但不确定他是否会高兴地得知这项发明是军事研究的副产品。

出租车、救护车、徒步旅行者、帆船、各种飞机都配备了全球定位系统。就像“Frigidaire”最初是一个制造商的品牌（北极牌），但现在已经成为一个通用的词一样[①]，“GPS”也成了全球通用的语言。但你们知道这个缩写是什么意思吗？“全球定位系统”，顾名思义，表示你可以通过它知道你处于地球上任意一点的位置。该系统由美国军方管理，自20世纪70年代末开始运作，从20世纪90年代以来一直可供平民使用。它的原理很简单。24颗卫星被送入环绕地球运行的轨道，每颗卫星都装有一个原子钟——一种最精确的钟，它的节拍是根据某些原子发射线的频率调节的。它以极具规律的间隔发射信号，提供发射时刻和卫星位置。这24颗卫星的位置可以保证在地球上的任何一点上都能看到其

① “Frigidaire”主要用作名词，用作名词时译为“电冰箱”。

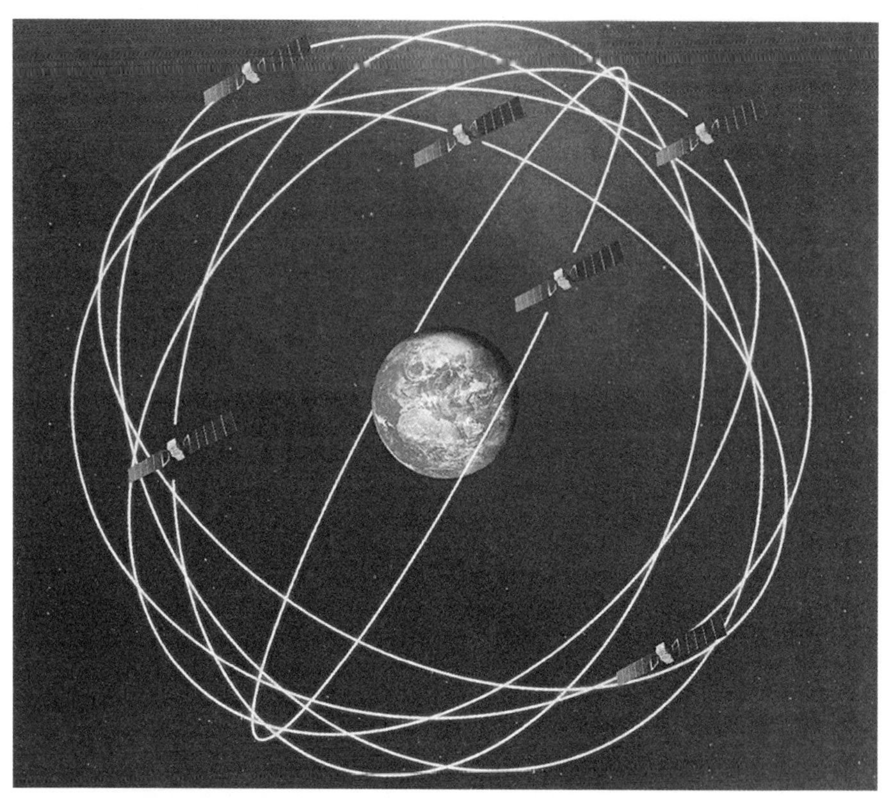

中至少 4 颗卫星。因此，配备全球定位系统的用户至少可以接收到 4 个信号。该装置从发射时间和接收时间的差值中，推断出用户到 4 颗卫星的距离。然后，它通过一种“三角测量”的方法来计算用户的位置，水手们都对这种方法相当熟悉。

全球定位系统有多精确？原子钟给出了最接近纳秒的时间（最接近十亿分之一秒），但这并不意味着发射时间和接收时间之间的差异（将用于计算距离）是以同样的精度测量的。因为这种差异涉及两种时钟：一种在地球上（用户的），一种在轨道上（其中一颗卫星的），必须让两种时钟经由狭义与广义相对论得到修正。以地球上用户的时钟为基准，一颗以 14000 千米 / 小时运动的卫星上的时钟跳动较慢（狭义相对论预测的时间膨胀效应）。此外，卫星上的时钟在距地面大约 20000 千米的高度运行，那里的引力场和地球上的不一样，它要弱得多，这是经由广义相对论（时空曲率）做出的第二次修正。如果不做出这些修正，那么在每天 24 小时的时间内，到一整天结束时，累积误差将约为 12 千米，那你还不如用指南针来定位自己……

全球定位系统给出的位置有大约 10 米的误差。为了提高定位系统的性能，最重要的是为了避免定位系统从属于一国的军队——在这种情况下，美国军队可以在任何时候决定在发生战争时干扰信号——欧洲已经开始建立自己的定位系统，并由民间控制。这个名为伽利略的定位系统配备了比全球定位系统更精确的时钟，并依赖更多的卫星。

弗朗西斯·巴里巴尔

庞加莱与狭义相对论

关于爱因斯坦和庞加莱谁是狭义相对论的真正之父，这一争论已经持续了很长时间，未来还将继续。

1905 年 6 月 5 日，庞加莱向巴黎科学院（l'Académie des sciences de Paris）提交了一份论文。他是一位天才，谁也无法决定他的数学进展和物理学的发现哪一个最值得称赞。他证明了麦克斯韦方程组的协变性：它描述了一个特殊的物体——光（“光”一词并不局限于人眼所能感知的可见光，而是延伸到可见光两侧的红外线、紫外线和 X 射线）——符合相对性原理（在匀速行驶的列车中，事情发生的方式与在车站静止时相同）。

然而，如果我们接受一个不直观的想法，即一位观察者在火车上测量的时间与另一位观察者，如一名站长，看到火车经过时测量的时间并不相同。一种可以把这两个人测出的不同的长度和时间联系起来的“变换”，被庞加莱称为“洛伦兹变换”。事实上他必须纠正洛伦兹的结论，从而得到最终的方程组。爱因斯坦在 1905 年 9 月的论文中也得到了最终的方程式，刊载其初步理论的论文此前于 1905 年 6 月 20 日送交出版。

第一届索尔维会议，布鲁塞尔，1911 年。坐在桌子旁的是玛丽·居里，坐在她左侧（即图中前排右一）的是亨利·庞加莱，洛伦兹是前排左数的第四位。爱因斯坦是后排右数第二位，朗之万站在他左侧（即图中后排右一）。①

时间上几乎重叠的巧合（一边是 6 月 5 日，另一边是同月的 20 日）足以驳斥爱因斯坦“抄袭”庞加莱的臆测：6 月 20 日寄来的一篇论文已经写了至少一个月了。1905 年，从巴黎寄来的一封信的内容在瑞士伯尔尼至少花了 8 天的时间才为人所知。因此，我们不得不得出结论：庞加莱和爱因斯坦在 1905 年 6 月同时得出了相同的空间和时间坐标“变换”方程。

但推导出相同方程的两个理论并不一定是相同的。正如伽利略所说，“自然之书”是用数学术语写成的，但物理学仍在两个“语言”层面上发挥作用——形式主义的数学语言和日常语言。在其中，数学关系得到“解释”，它们对世界结构的意义被呈现。因此，相同的数学关系并不一定反映相同的世界观。

① 勘误：原文中写道“洛伦兹是前排左数的第三位”，实际上前排左数的第三位是会议主办人欧内斯特·索尔维，左数的第四位才是洛伦兹。

在这种情况下，我们不能肯定庞加莱是否注意到了后来被称为时间膨胀的现象。庞加莱和爱因斯坦得出了相同的方程式，但它们的路径截然不同，可能会让人们怀疑它们是不是相同的理论。庞加莱试图解释点状、不连续粒子的存在就像光能的局部集中。但由于光波在当时是无法想象的，没有了物质的支持，他的理论仍是一个“有以太”的理论。爱因斯坦在 3 月份发表的论文中确信：光可以，甚至应该被看作一组能量粒子——量子——在真空空间中传播。他的理论从一开始就是“去以太”的。庞加莱试图从连续性出发来解释不连续性，而爱因斯坦则从不连续性，即光量子出发，抛弃以太，以自己的方式解决了光理论和相对性原理之间的矛盾。对于那些知道故事结局的人，即知道量子理论、不连续理论的发展的人来说，爱因斯坦所采取的理论的优越性是显而易见的。

具有讽刺意味的是，创立量子理论的爱因斯坦后来成了量子理论的反对者，甚至在他生命的尽头，他也试图将粒子解释为能量的集中。

弗朗西斯·巴里巴尔

女物理学家的三种命运

“爱因斯坦夫人又被人们遗忘了！”当人们意识到爱因斯坦的第一任妻子不仅仅是家庭妇女时，《解放报》的标题如此写道。根据爱因斯坦与米列娃书信中“我们在相对论方面的工作”这一句话，有些人指责爱因斯坦在他学术巅峰时期犯下了大男子主义的错误，并把自己塑造成妇女权利的捍卫者。爱因斯坦从米列娃那里偷走了相对论，而他给她诺贝尔奖奖金的事实就是他犯错的证据。

真实情况可能非常平庸，甚至可能更痛苦。爱因斯坦让他的妻子独自解决他们的家庭问题——未婚生子，他们的长女先天患有疾病，后来便下落不明；次子爱德华虽然惹人怜爱但性格怪异，为家庭带来了许多困难和担忧，而爱因斯坦却躲在思想的高处。即便从这种思想中诞生了世上优美的理论之一，这也绝不能作为他忽视家庭的借口。爱因斯坦年轻时，曾谴责那些“伪善者”[①]的行为。他的措辞虽不激烈，但他曾向夫人自夸不是这些“伪善者”中的一员。但

爱因斯坦和他的第一任妻子米列娃。

① Pharisees，原义为法利赛人，是公元前 2 世纪至公元 2 世纪犹太教上层人物中的一派。他们宣扬保守犹太教传统，主张同外教人严格分离。据《圣经》记载，耶稣指责他们是言行不一的伪善者。西方文学中常用来指伪君子。

事实上，他的所作所为就像一个“伪善者”，完全满足于“自然划分”的男女角色分工。

玛丽·居里

另一对著名物理学家玛丽和皮埃尔·居里的命运则完全不同，最重要的是皮埃尔·居里面对类似情况的态度完全不同。就像米列娃·玛丽克一样，玛丽·居里，原名玛丽亚·斯克洛多夫斯卡（Maria Sklodowska），也来自远方。这可能致使她在索邦大学面对同学时表现高傲，甚至怀有敌意。像米列娃一样，她也认识并嫁给了一位物理学家。这位物理学家和爱因斯坦一样，在年轻时就梦想着以一种符合崇高理想的方式行事：“如果我们能在梦中——你的爱国梦、我的人道主义梦和我们共同的科学梦，彼此亲近地度过一生，那将是一件我不敢相信的美好事情……然而最痛苦的是，我们必须因周围社会的偏见做出让步。”

这两位女性命运的相似之处到此为止。玛丽·居里得到了皮埃尔的坚定支持，皮埃尔从不放过任何机会来强调她的成就，因为他深知这些功绩不是他个人的。众所周知，玛丽·居里两次获得诺贝尔奖，其中一次是在36岁时获得的。这对夫妇在剑桥结识的英国物理学家J. J. 汤姆孙（J. J. Thomson）将皮埃尔·居里描述为“最谦虚的人，把所有的功劳都归于他的妻子”。我们不确定汤姆孙是否认为这种行为完全“正常”。但可以肯定的是，庞加莱认为这是一种病态的不和谐行为。他讽刺道：“他一举成名，心态却像一只夹着尾巴逃跑的小狗。”为玛丽·居里写传的美国作者急忙把这句话作为他文中一章的标题，似乎是为了强调皮埃尔·居里缺乏男子气概。

塔蒂亚娜·埃伦费斯特也来自东欧（俄罗斯），嫁给了物理学家保罗·埃伦费斯特。保罗·埃伦费斯特与皮埃尔·居里有一些相似之处：如果庞加莱遇见他，肯定会觉得他像一只被打败的狗。他的灵魂饱受折磨，永远无法满足，在智慧上自觉不如他的朋友爱因斯坦和玻尔这样的巨擘。由于被量子理论带来的剧变破坏了信心，埃伦费斯特胆怯到了不敢在学生面前露面的地步，他不再能够以思想大师自居。埃伦费斯特曾与他的妻子建立了真正的知识合作：他在 1905 年到 1910 年间写的一些重要文章都是与妻子合著的。相反，虽然爱因斯坦很可能没有理由将米列娃与相对论的发现联系在一起，但事实证明，他可能与米列娃共同撰写了与米列娃的论文主题相关的文章，却并未让对方署名。与爱因斯坦和米列娃·玛丽克一样，塔蒂亚娜和保罗·埃伦费斯特也面临着严重的家庭困难：他们的一个孩子患有唐氏综合征——1933 年埃伦费斯特的自杀即与此有关。在他去世后，塔蒂亚娜继续教授物理课程。

弗朗西斯·巴里巴尔

爱因斯坦和弗洛伊德

早在1931年，爱因斯坦就主动写信给弗洛伊德，邀请他成立一个“高层次的知识组织”，其使命是通过道德威望来影响政治家的决定。爱因斯坦写道：“我把这些事情告诉你，而不是告诉世界上的其他人，是因为您不会像其他人那样把欲望当作现实。”1932年，爱因斯坦再次致信，并要求弗洛伊德以公开信的形式参加国际联盟主持的关于“战争”的讨论会。

爱因斯坦写道：“群众怎么可能被那些手段激发到狂热和甘愿牺牲的地步呢？唯一可能的答案是——人类有仇恨和毁灭的本能。这是只有您这位熟知人性本能的伟大专家才能阐明的观点。

“我们现在要问最后一个问题。有没有一种方法可以引导人的心理发展，使他更能抵抗仇恨和毁灭的精神疾病？我并不是指那些没有受过教育的人，恰恰相反。我的生活经验告诉我，最容易屈服于此类致命的集体精神疾病的是那些所谓的‘知识分子’。”

以下是弗洛伊德回信的摘录：

听说您打算邀请我就一个问题交换意见，我毫不犹豫地接受了。您问我可以做些什么来把人类从战争的威胁中解放出来，这让我大吃一惊。一开始，

Wien 22.3.33
fünf Exemplare des Briefwechsels Warum Krieg?
dankend bestätigt
Freud

国际联盟分支机构——国际知识合作委员会举行会议。爱因斯坦是左数第三个。

我对我的——我更想说的是我们的——无能感到恐惧，因为我认为这类实际任务应由政治家负责。但我意识到您不是作为一个科学家和物理学家提出这个问题，而是作为全人类的朋友。

您惊讶于人们很容易受到煽动发起战争，因此认为他们是出于一种仇恨和毁灭的本能冲动，会伴随这种刺激而发作。我们相信这种倾向的确存在，在过去几年里，我们一直在努力研究它表现出的症状。在这方面，我们经历了无数次的摸索和迟疑，如今可否向你解释一下我们得出的一些行为规律？

我们承认，人的冲动完全可以归结为两类：一类是那些想要保持和团结的本能，我们称它们为“爱欲”——正是柏拉图《会饮篇》中的爱神，或称为“力比多”，这是对“性”的通俗概念的延伸。另一类，对那些有毁灭和杀戮冲动的人，我们将它们概括在侵略性冲动和破坏性冲动两个术语中。这就是您常看到的爱恨对立的理论运用，这在您的领域中可能就会得到吸引力或排斥力的理论，发挥作用——但我们立刻对此做出了善恶的区分。一种本能很难单独发生作用，它总是同另一种有一定分量的本能“联结”在一起，从而改变它本来的目的。

因此，当人们被煽动去打仗时，他们身上有各种各样的动机，有的人动机高尚，有的人动机低俗；有的人会高谈阔论，有的人则沉默不语。

你们的来信集中在阻止战争的方法上，而不是集中在我们的理论上。然而，我还是想再花一点时间谈谈我们对毁灭性冲动的研究，因为它的重要性远超我们的想象。我们已经认识到，这种冲动在每一个生物中都起着作用，它倾向于

西格蒙德·弗洛伊德，1931 年。

使生物走向毁灭，使生命变成无机物的状态——我们称其为“死本能”。死本能是破坏性的，因为它是针对某些外来生物的。可以说，生物通过摧毁外来生物来保障自己的生存。但是死本能的一部分仍然活跃在生物的生命中，我们试图从这种冲动的逆转中，得出一系列正常和病理现象的答案……

回到我们的主题，这让我们能够得出结论：声称消除人类的破坏性倾向是无用的……

不过，我想谈谈您的来信没有提出的另一个问题，我特别感兴趣。

为什么我们——您、我，以及与我们在一起的许多其他人——如此强烈地反对战争？为什么我们不把它作为生活中无数变迁中的一个呢？不要对我在这里提出的问题感到震惊。为了进行研究，我也许可以戴上现实中从未戴过的冷漠面具。通常人们这样回答：因为每个人都有权拥有自己的生命，因为战争摧毁了充满希望的人的生命，等等。

所有这些答案都是正确的，而且毋庸置疑，以至于让人们感到惊讶，惊讶于人类一致反对的战争为什么没能得到禁止。显然，我们可以对这个问题展开讨论，但这不是您想让我做的。我想谈另一个观点：我认为，我们必须站出来反对战争的主要原因是——我们别无选择。因为我们出于生物本能的动机，成了和平主义者。

这并非不可理喻。我还要补充的是：自古以来，人类就经历了文化发展的现象（我知道有些人更喜欢在这里使用“文明”一词）。我们将自己拥有的最好的一部分和最痛苦的一部分归因给了这一现象。它的原因和起源尚不清楚，其产生的结果也不确定。它可能导致人类的灭绝，因为它在不止一个方面限制了“性”……伴随着文化现象的精神转变是显而易见的，也是不容置疑的。它们包括对本能目的的逐步去除和对冲动反应的压抑。曾让我们的祖先充满快乐的感觉，如今却让我们变得冷漠，甚至难以忍受：我们的伦理和审美愿望的转变是有生理原因的。在文化的心理特征中，有几个特征似乎是最为重要的：智力的强化可以宰制充斥着本能的生命；内化攻击性冲动，其后果有利有弊。然而，文化的演变使我们发展的精神观念受到战争的最严重打击，这就是为什么我们必须反抗它：我们再也不能忍受它了——这不仅是一种理智上的厌恶，而且对我们来说，这是一种宪法和情感上的无法容忍，像是一种在某种程度上被放大到极端的特质。战争所造成的审美退化似乎并不比它所造成的暴行少多少。

现在，我们还需要多长时间才能让其他人反过来成为和平主义者？我们无法预测。以何种方式？会不会走弯路？我们也无法猜测。但我们可以说："凡是能够促进文化发展的事情，都可以用来反对战争。"

摘自《为什么要战争？》
收录于《是的，哲学》(*Oui la philosophie*)
第 1 期，1984 年 2—3 月

“我不再拒绝服兵役”

爱因斯坦早期是一位和平主义者，从 *1918* 年到 *1933* 年一直为欧洲拒服兵役者辩护。直到希特勒上台后，爱因斯坦彻底改变了主意。这让他之前帮助过的那些人感到了被背叛的绝望。这份与流亡比利时避难的拒服兵役者阿尔弗雷德 · 纳翁（*Alfred Nahon*）的来往信件就证明了这一点。

漫画中文字意为“前德国犹太学者”。

阿尔弗雷德 · 纳翁致爱因斯坦

1933 年 6 月 20 日，布鲁塞尔

我亲爱的先生与同志，我是最为钦佩和欣赏您的反军国主义精神的人之一。我很久以前就把您那句名言当作我的座右铭：“一旦爆发战争，我将拒绝服兵役。”但是，即使在战争潜伏期和备战的和平时期，我也要抵制军队

这种谋杀生命的组织。我是拒服兵役者，流亡到比利时避难。我和我年轻的妻子住在一个非宗教社区，这里的居民互相友爱，非常具有理想，空间足够容纳我们。

如您所知，目前有两名年轻人被关押在布鲁塞尔的监狱里，等待军事法庭的审判……

我深切地恳求您，作为和平的英雄与学者，来为他们做证。您做证的影响范围是不可想象的，也是不可估量的。在这个疑窦丛生的时代，一位举世闻名、受人尊敬的科学家赞成了一项反战行为，这该是一个多么好的榜样！多好的教训！多大的拯救人类的机会啊！

爱因斯坦，我衷心请求您毫不犹豫地接受我的提议。在我 21 岁的热情和真诚中，我呼吁您崇高的理性和团结精神……这项事业对其他人来说，需要奉献生命，而如果您把您的天赋奉献给这项事业，它会为您增添荣耀，您将在人类世界备受尊敬。

我夙夜期盼您的回信。提前谢谢您，因为我对您有信心！

向您致以亲切的问候
阿尔弗雷德·纳翁

这幅画发表在 1933 年 9 月 27 日的《红与黑》上。

爱因斯坦致阿尔弗雷德·纳翁

1933 年 7 月 20 日

先生，由于我长期外出，忙于各种工作，直到今天我才抽出时间阅读您的来信。您恐怕会对我接下来要说的话感到非常惊讶。

直到不久前，我们还生活在一个寄希望于通过个人抵抗，在欧洲有效地打击军国主义的时代。但今天，我们面临着一种完全不同的情况。在欧洲的中心，有一个强国（德国），它公开地、不择手段地为战争而做准备。罗马民族国家，特别是比利时和法国，因此处于严重的危险之中，不得不依赖他们的军队……这就是为什么我要直截了当地告诉你：在目前的情况下，若我作为比利时公民，将不会拒绝服兵役。我将积极服兵役，并希望为维护欧洲文明做出贡献。

但这并不意味着我在原则上放弃了以前所采取的立场。我最希望的，莫过于能够回到那个时代——届时拒绝服兵役将再次成为为人类进步服务的有效斗争手段。我请你将这封信转达给与你有联系的政治朋友，特别是你目前被拘留的那两位朋友。

向你致以亲切的问候

阿尔伯特·爱因斯坦

阿尔弗雷德·纳翁致爱因斯坦

1933 年 8 月 5 日

您的回信使我非常痛苦，也将使所有真诚的和平主义者感到痛苦，并将成为我们气馁的理由。亲爱的爱因斯坦，带着对您的天才的最大敬意，带着我的年龄和理智所要求的谨慎，我高呼您的背叛。因为您将允许一场即将到来的战争爆发，这场战争将再次是文明对抗野蛮的战争！服兵役，无论在何时何地，都是对犯罪、仇恨和谎言的学习；战争，无论在何时何地，都是野蛮的散播和胜利。

我们正处于一个完全颠倒是非的时代。是的，荣誉扼杀了思想。我不是说“唉！”，因为在这场悲剧中，我们看到苦难的事件压垮了人们，我非常希望他们能从无数的苦难中吸取伟大的教训：他们必须主宰重大事件。然而，我将同样痛苦地记录下这种精神面对外力时的失败……

阿尔弗雷德·纳翁

解救德国犹太人

由于他的名望，爱因斯坦很容易就在普林斯顿找到了避难所。他在普林斯顿时付出了相当大的努力解救德国犹太人离开德国，并为他们进入美国提供便利。爱因斯坦最常用的方法是提供一份宣誓书给请求他的人，这是一份必要的行政文件，证明有人可以对申请移民者负有个人责任，并担保他有能力在美国自食其力。

爱因斯坦的解救工作并不总是取得成功。哈里·伊赛（Harry Isay），经济学博士，前记者，1933年后流亡法国，从1939年起，他遭受了和许多犹太人同样的命运。由于未能及时逃离法国，他被关押在迈尔斯（Milles）集中营，爱因斯坦未能将他从那里救出，此后，他又于1942年被驱逐到奥斯威辛集中营。

哈里·伊赛致爱因斯坦

1940年5月14日，巴黎

……所有的难民，不管是犹太人还是非犹太人，今天都必须聚集在一个大体育场里，他们将从那里被送往不同的集中营。

…………

在这种糟糕而痛苦的情况下，我能否再用我的私人问题打扰您？

我已于1938年11月在美国登记移民，不久将被列入有资格获得签证的人选。有了这份签证，我就可以立即离开这个国家前往美国了。但我还没有找到足够富有的人寄给我一份宣誓书。

…………

能否烦请您或与您共事的委员会帮助我找到一个愿意给我宣誓书的人，这是否太冒昧了呢？……

哈里·伊赛致爱因斯坦

1940 年 9 月 25 日，唐斯（Tence）上卢瓦尔省

……鉴于我目前所处的绝望境地，我能否再问一次，有无可能从一位美国同教派人士那里获得一份宣誓书？……如果没有宣誓书，我只能放弃美国签证，在这个地狱里待得更久，那将是一场灾难！

爱因斯坦致哈里·伊赛

1940 年 10 月 19 日，普林斯顿

亲爱的伊赛先生：

我随函附上我的宣誓书，但我想事先声明，由于我发送了太多宣誓书，我的保证已经明显地失去了效力。不过，我希望这份文件，即使对您的目的不见得有效，但仍能对您有所帮助。

哈里·伊赛致爱因斯坦

1941 年 7 月 11 日，迈尔斯集中营

……您可能已经了解到，新的移民条款比人们想象的更严格。事实上，我们必须填写新的宣誓书（有一种固定格式，但马赛领事馆还不清楚），并将其提交给华盛顿的国务院。我能请您尽快把它们寄给我吗？……

哈里·伊赛致爱因斯坦

1941 年 8 月 30 日，迈尔斯集中营

紧急救援委员会马赛办事处刚刚通知我，您向美国国务院提交了一份对我有帮助的宣誓书。请允许我对您的仁慈和友谊表示最热烈的感谢。这个好消息来得正是时候。因为长期的囚禁（差不多两年），营养不良、反复的心脏不适引起的体重减轻，已经严重地损害了我的身心，令我时常感到抑郁。这个好消息又重新唤醒了我的力量！……

哈里·伊赛致爱因斯坦

1941 年 11 月 5 日，迈尔斯集中营

……毫无疑问，您收到了我 8 月底的信，我是直接寄给您的……我在信中感谢您，因为纽约紧急救援委员会给其马赛办事处打电报说“伊赛的宣誓书将由爱因斯坦重新提交”之后，这意味着您将更新您去年好心寄给我的宣誓书。这个消息很大地减轻了我的忧虑。但自那时起，马赛办事处和我都没有再收到任何资料，您的宣誓书（您必须先获得正确的格式）是否已经提交给了华盛顿？我可否冒昧地问您是否已经提交？否则，鉴于现下军事局势的恶劣，我非常怀疑我是否还能脱身。

与哈里·伊赛的通信

载于《爱因斯坦文集》第 4 卷，1989 年

爱因斯坦和美国联邦调查局

在爱因斯坦决定从纳粹德国移民到美国之前，美国联邦调查局就对他产生了兴趣。*1932* 年，当他第四次访问美国加利福尼亚州，与威尔逊山天文台的天文学家进行科学合作时，美国联邦调查局收到了一份长达 *12* 页的文件，内容是“共产主义者爱因斯坦肯定应该被驱逐出这个国家”。

这是一份由妇女爱国组织的男性（或女性）律师提交的文件，要求美国政府对爱因斯坦施用禁止“无政府主义者”进入美国的“排斥外国人”法令，更笼统地说，禁止“任何鼓吹以武力和暴力推翻美国政府的人”，以及一个或多个倡导“公民不服从”的组织的所有成员或积极支持者。

按照这条法律，爱因斯坦支持拒服兵役者的立场足以使他在美国不受欢迎。由于他是几个组织（和平主义者和反军国主义者）的成员，美国联邦调查局不论其是否正义，都认为这些组织是“国际共产主义”的核心，这让爱因斯坦的情况更加恶化。随后这份指控文件，引用了一些爱因斯坦关于社会民主党政府怯懦的引言，妇女爱国组织认为在其中可以看出列宁的影响。这篇指控还附有一封由一位著名但未知的人士写的信，他指出，在他看来，爱因斯坦这位杰出的数学家是一个骗子，他的理论是一个笑话。

两年后，当爱因斯坦搬到普林斯顿时，新任美国联邦调查局局长，著名的约翰·埃德加·胡佛收到加州警长的一封信，询问是否像人们所说的那样，爱因斯坦是共产主义者，这是应他的一些追随者的要求，“如果他真的是那种人，一些非常优秀的美国人不希望他们的孩子把爱因斯坦当作偶像”。胡佛非常严肃地回答道：“亲爱的警长，我无法对此事做出肯定的回答……”并下令对新泽西州警方进行调查。

1949 年，美国联邦调查局非常认真地调查一位来自洛杉矶的公民的信

息，他是爱因斯坦妻子朋友的朋友，他声称小阿尔伯特·爱因斯坦曾在苏联的经历极大地影响了“爱因斯坦夫妇”的行为。随后美国联邦调查局进行了长时间的调查，发现现任爱因斯坦夫人是他的第二任妻子，两人没有孕育孩子，但有前妻所生的两个子女，与爱因斯坦和他们的继母艾尔莎同时来到美国。

几个月后，美国联邦调查局探员在瑞士找到了爱因斯坦第一位夫人的踪迹，管理层得知了爱因斯坦大儿子在美国境内。新的调查失败了，因为小爱因斯坦不再住在特勤局提供的住址。与此同时，其他特工发现艾尔莎的一个女儿嫁给了一个名叫季米特里·马里亚诺夫（Dimitri Marianoff）的人，他的名字看起来十分可疑，很可能是苏联人……最终，美国联邦调查局的一位副局长以调查虚耗了纳税人大量金钱为由，结束了对爱因斯坦的调查。他通过向他的服务部门发出的一份通知，指出“由于爱因斯坦教授在普林斯顿大学的杰出地位”（多么漂亮的民主成果！），决定暂时不对此事采取进一步行动。

1950年，事情开始变得糟糕起来，当时美国联邦调查局收到了一条信息，称爱因斯坦在柏林的电报地址曾被用作共产国际和上海间谍之间的联络站，这些间谍通过柏林向上级报告。经过调查，他们发现爱因斯坦被他当时的秘书欺骗了，是她利用了这个不被警方怀疑的信箱，因为爱因斯坦会收到来自世界各地的电报。问题是，这位不谨慎的秘书是否真的是他在普林斯顿所认识的海伦·杜卡斯（Helen Dukas）。甚至有人考虑过撤销爱因斯坦和海伦·杜卡斯在1940年一起获得的美国国籍［而爱因斯坦也不得不接受关于他和（与他同是移民）柏林同事之间来往的多次询问］。

弗朗西斯·巴里巴尔

爱因斯坦神话

爱因斯坦吐舌头；爱因斯坦头发蓬乱，像个疯老头；爱因斯坦在 $E=mc^2$ 的背景下狡黠的目光……我们的日常生活中充斥着这位科学家的形象，甚至被作为牛仔裤和计算器的卖点。

一叶障目：爱因斯坦神话

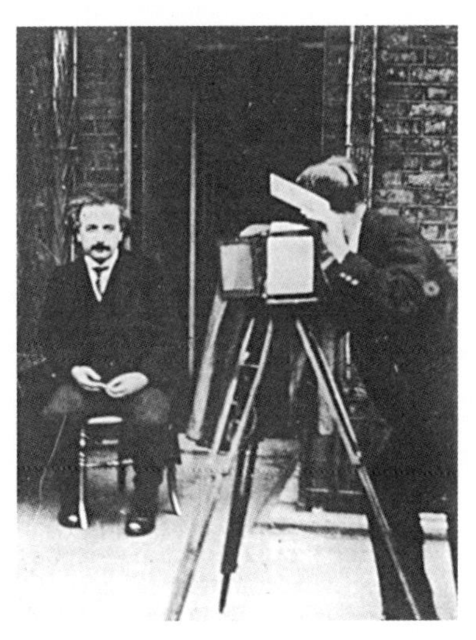

让-马克·莱维-勒布朗德（Jean-Marc Lévy-Leblond）在爱因斯坦的神话中看到人们坚持一种已经过时的科学和科学家形象：纯洁、固执、孤僻、独立、缺乏物质、富有智慧。

爱因斯坦的科学天赋和道德地位都不足以解释他的英雄神话，而他也可能是这个神话的受害者。此外，由于这个神话似乎有许多不同的面向，我们还不确定是否能“解释”它。然而，正是这种多重面向的构成，让我们可以在事后试图描述其中一些重要特征。

……外交利益不足以成为公众爱戴的理由。这种爱戴似乎在很大程度上是由于战后文化对新思想的巨大渴望、对创新的强烈兴趣，以及对文化断裂的强烈感知。怪异的是，即使是最具有蓄意挑衅性的概念，如达达主义，都正在迅速蔓延。文献证明了这一点。伊曼纽尔·伯尔（Emmanuel Berl）在《西尔维娅》（*Sylvia*）一书中写道："战争给每个人的心中都留下了某种绝望。然而战后却是一个充满希望和秘密信仰的时代……然而当时并不缺乏新事物：革命者列宁、实业家福特、科学家爱因斯坦、心理学家弗洛伊德。"相对论的某些惊人的性质、明显的悖论，被狂热的爱好者以耸人听闻的方式广泛普及，在爱因斯坦式神话的构成中起着重要的作用。其他科学成果，尽管在本质上是革新性的，如量子理论、玻尔和海森堡的思想，也引起了同样的哲学和意识形态的讨论，但与相对论不同的是，关于这些成果的探讨几乎没有超出受教育者的圈子。因为相对论探讨的问题不是物质在微观尺度上的深奥性质，而是空间和时间本身——我们日常生活中熟悉的结构。误解是如此产生的：在当前世界，直觉必然是非科学的（亚里士多德的理论最终仍然是正确的），这种直觉与爱因斯坦概念的冲突性质正说明了这一理论的革命性。同样的革命也已经发生在伽利略和牛顿的理论冲突上。

因此，与其说给人留下深刻印象的是爱因斯坦发现的具体理论，不如说是这些理论的科学性质——它们具有抽象、非经验的科学性质，且关涉空间和时间这些"自然事实"。许多哲学家，尤其是柏格森，都认为受到了欺骗，对爱因斯坦提出了他们本应该对伽利略和牛顿提出的批评。相反，利用爱因

斯坦相对论理论来支持哲学上的相对论（“一切都是相对的，正如爱因斯坦所说的那样”）也产生了同样的激烈讨论，这都得以让爱因斯坦神话持续存在。一旦爱因斯坦的传说开始形成，它就会在爱因斯坦的性格和行为中得到丰富和滋养：他的推陈出新、他的和平主义和他的正直赋予了他个人的威望和毋庸置疑的光环。神话的意识形态功能在这里得到了充分的体现。

在 20 世纪上半叶，就在科学，特别是物理学的研究，从手工艺阶段（代表单打独斗的科学家）过渡到工业阶段（代表一个研究人员团队）时，科学研究也变得制度化、等级森严，越来越多地与政治、经济和军事力量联系在一起。个人被象征为科学的全部，而这种代表却表明科学特质的丧失。爱因斯坦在当时的时代，是理所应当的杰出代表，尤其是他的研究成果带来的贡献。然而他的研究观念和他在科学界的角色，却让他与这个时代相去甚远。他的形象逐渐淡化，仿佛之前作为“科学家代表”只是一种假象。他的传说在 20 世纪上半叶，反而对当代科学的真正社会性质起到了不小的模糊作用。就像历史上所有的神话一样，这个神话很可能会突然遭到逆转：在广岛原子弹事件之后，科学，对一些人来说，从绝对的善转变为完全的恶，而和平主义者爱因斯坦会被称作“原子弹之父”。再一次，神话简化了本来复杂的社会政治进程，变成一个纯粹伦理的简单看法。如今，终于可以拨开叶子，窥见树林了。

让 – 马克 · 莱维 – 勒布朗德
《盐之精神》（*L'Esprit de sel*）
1981 年

爱因斯坦的大脑

罗兰 · 巴特分析了这个神话般的物体：产生了“天才”理论的大脑。

爱因斯坦的大脑是一个神话般的对象：但最伟大的智慧反常地塑造了最完善的机械形象，他过于强大的创造力让他与心理学分离，被引入机器人的世界。我们知道，在科幻小说中，超人总是有一些被物化的部分。爱因斯坦也是：人们通常通过他的大脑来表达这种物化。这是一个被精选出的器官，像是一件名副其实的博物馆陈列品。也许是因为他的数学专长，超人形象在此被剥夺了所有的“魔力”。在他身上，除了机械，没有任何扩散的力量，也没有任何神秘之处。它是一个完美高级的器官，但也是真实的生理器官。从神话修辞学的角度，爱因斯坦是一种物质，他的力量并不会自发地导致精神性结果，而需要借助独立的道德，必须唤醒科学家的“良知”。（有人说：“科学若没有良知……”①）

爱因斯坦自己通过遗赠自己的大脑，也有点参与进了这个神话，两家医院为此争夺，就好像这是一个奇特的机器，如今终于可以拆除了。在一张照片中，爱因斯坦躺着，头上布满了电线。他的脑电波被研究员记录下来，同时被要求“思考相对论”（但顺便问一下，“思考……”的确切含义是什么？）。毫无疑问，这是想让我们明白振动记录仪波动得有多么猛烈，因为相对论是一个艰难的课题。由此，思想本身被呈现为一种能量物质、一种复杂装置可测量的生成物（类似于触电），它将大脑的智慧转化为力量。爱因斯坦的神话修辞使他成为一个如此缺乏“魔力”的天才，人们谈论他的思想，就好像在谈论机械劳作：与机械制作香肠、碾磨谷物或粉碎矿石类似。他像磨面粉一样不断地产生思想，对他来说，死亡首先是一种局部功能的中止：“最强大的大脑停止了思考。”

人们认为这个伟大的机械生产的是方程式。通过爱因斯坦的神话修辞，世界欣喜地重新获得了一个简化为公式的知识形象。这种天才越是以大脑的形式被物化，他发明的产物就越能达到一种不合常理的、神奇的状态，从而指向一种古老又深奥的科学形象：这种科学形象被包含在几个字母中。这个世界有一个独特的秘密，可以用一个词来形容。宇宙是一个保险箱，人类正在寻找打开它的密码，而爱因斯坦几乎寻到了它，这就是爱因斯坦的神话。

---

① “科学若没有良知，就是灵魂的毁灭。”出自拉伯雷《巨人传》。

我们从中找到了诺斯底派（Gnostiques）[①]的所有主题：自然的统一性、从本质上简化世界的可能性、话语所开启的力量、秘密和对秘密的言说之间亘古不变的斗争，以及全部知识在瞬间就被尽数发现的观念，犹如经过无数次徒劳无功的试错之后突然打开的锁。具有历史意义的方程 $E=mc^2$，以其出人意料的简洁，几乎实现了这个纯粹的想法——一把朴实无华、单一金属的钥匙，如魔法般神奇地轻松打开一扇门，而门前的人们几个世纪以来一直在苦苦挣扎。爱因斯坦的照片很好地呈现了这一点：他站在黑板旁边，黑板上布满了复杂的数学符号，但画面中的爱因斯坦（意即神话中的爱因斯坦）手握粉笔，好像毫无准备地在一个光秃秃的黑板上写下了关于这个世界的神奇公式。因此，神话修辞遵循了各类任务的特性：研究本身调动了机械齿轮，中枢是一个有形的器官，唯一奇特的是控制系统的复杂程度。与之相反，它的发现却具有神奇的本质，它是很简单的，犹如一个原始物体、一个首要物质，亦如炼金术师的点金石、贝克莱

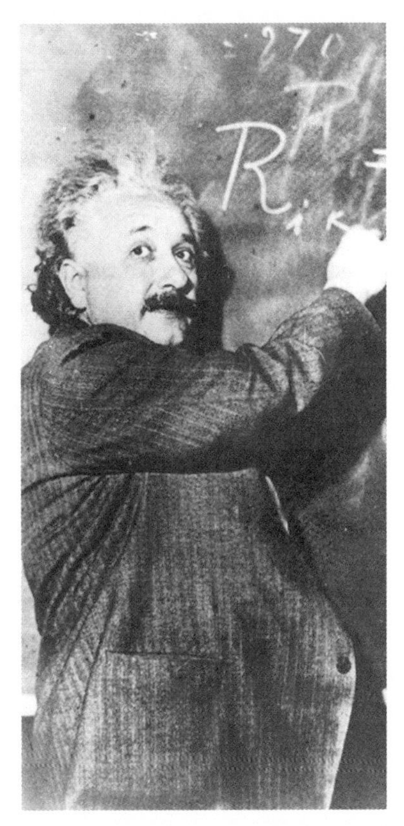

① 诺斯底派又被称为灵知派和灵智派，属于神秘主义流派，其严重地受到在光与暗的斗争中挣扎的神话观念所影响，导致了强烈的二元论发展。

（George Berkeley）的焦油水、谢林的氧气。

即便如此，因为世界的存在的继续，研究不断发展的同时也必须为上帝保留位置，因此爱因斯坦某种意义上的失败就是必不可少的了：据说爱因斯坦直至去世都无法验证“解开世界秘密的方程式”。因此，世界发起了抵抗，这个秘密刚要被揭开，就又再次封闭了，密码没有被完全破译。如此，爱因斯坦充分满足了神话，只要神话建立一份令人惬意的安全感，它就不再在乎矛盾：爱因斯坦既是魔术师，又是机器；既是终身研究者，又是未达终极的发现者；他既释放了最佳者，又引出了最劣者；他既是大脑，又是良知。他实现了人们最矛盾的梦想，神话般地调和了人类对自然的无限威力和无法抗拒的神圣命运。

罗兰·巴特

《神话学》，1957 年

年表

1879 年	3 月 14 日。阿尔伯特·爱因斯坦出生于德国乌尔姆市，父母为赫尔曼·爱因斯坦和保利娜·爱因斯坦。
1880 年	一家人搬到慕尼黑。
1881 年	爱因斯坦的妹妹马娅·爱因斯坦出生。
1885—1888 年	就读小学。
1888—1894 年	就读于慕尼黑的卢伊特波尔德中学，在获得毕业证书之前选择退学，因此失去了在德国申请大学的资格。
1894 年	阿尔伯特·爱因斯坦前往意大利帕维亚与父母团聚。
1895 年	苏黎世联邦理工学院入学考试不及格。
1896 年	在阿劳州立学校（瑞士）准备比赛入学考试。在经历过德国中学的严酷教育环境之后，他感觉这里像是一个自由的避风港。
1896—1900 年	就读于苏黎世联邦理工学院，在那里他遇到了米列娃·玛丽克。
1901 年	爱因斯坦获得瑞士国籍。失业的他被迫打零工。
1902 年	米列娃生下了一个女婴，但没能通过苏黎世联邦理工学院的毕业考试。爱因斯坦终于在朋友马塞尔·格罗斯曼的父亲的帮助下，在伯尔尼专利局找到了一份工作。同年，父亲赫尔曼·爱因斯坦去世。
1903 年	与米列娃结婚，并发表了几篇关于热力学基础的文章。
1904 年	长子汉斯·阿尔伯特·爱因斯坦出生（1973 年去世）。
1905 年	奇迹般的一年。爱因斯坦发表了五篇论文，其中一篇关于光量子，另一篇是建立狭义相对论的基础，还附有一篇后记，其中公布了著名的方程式 $E=mc^2$。
1906 年	爱因斯坦被聘为伯尔尼大学的教授。
1907 年	广义相对论工作的开始。
1909 年	爱因斯坦被聘为苏黎世大学教授。
1910 年	次子爱德华·爱因斯坦出生（1965 年去世）。
1910—1912 年	旅居布拉格，爱因斯坦被查理大学聘任。其间遇到了埃伦费斯特。
1912 年	回到苏黎世，与马塞尔·格罗斯曼合作，格罗斯曼帮助他解决了广义相对论涉及的数学难题。

1914 年　爱因斯坦被聘为柏林大学教授、普鲁士科学院院士。米列娃带着两个孩子回到苏黎世。爱因斯坦签署了一份反军国主义宣言，以回应他在柏林的所有同事签署的民族主义宣言（所谓的《九十三人宣言》）。

1916 年　发表广义相对论的最终成果。

1917 年　首次研究宇宙学。

1918 年　公开支持魏玛共和国。

1919 年　爱丁顿科考队证实了广义相对论的预测，爱因斯坦一夜成名。同年，与米列娃离婚，与表妹艾尔莎结婚。

1920 年　反犹主义者反对爱因斯坦。

1921 年　一系列旅行，特别是访问美国，为建立耶路撒冷希伯来大学筹集资金。

1922 年　先访问巴黎，随后访问日本。同年，获诺贝尔奖。

1923 年　从日本返回后访问巴勒斯坦。爱因斯坦辞去国际联盟知识合作委员会的职务，以抗议法军占领鲁尔工业区。

1925 年　南美之旅。

1927 年　索尔维会议。

1928 年　爱因斯坦当选为人权同盟主席。

1930 年　旅居美国，特别是加利福尼亚州，在那里他遇到了哈勃。

1932 年　再次访问加州。

1933 年　希特勒夺取政权。在第四次访问美国之后，爱因斯坦搬到了比利时，观望德国形势的发展。

1934 年　积极支持德国犹太难民。

1939 年　给罗斯福致信，提请他注意制造核武器的可能性。

1940 年　爱因斯坦成为美国公民。

1946 年　参与了美国物理学家的抗议，他们失去了对自己制造的武器的控制。

1952 年　爱因斯坦拒绝担任以色列国总统。

1953 年　爱因斯坦反对麦卡锡主义。

1955 年　4 月 18 日。爱因斯坦去世。

相关文献

阿尔伯特·爱因斯坦的作品

全集。爱因斯坦的全集在美国出版，书名为《阿尔伯特·爱因斯坦文集》。计划出版的内容将包括爱因斯坦的所有著作：书籍、论文、相关著作，会议手稿、课堂讲稿、未出版的手稿、各种信件等，这些文件将以原始语言（主要是德语）呈现，并由编辑们撰写一系列评论笔记，他们组成了一个团队，在波士顿大学工作到 2000 年，此后又在洛杉矶的加利福尼亚理工学院工作。《阿尔伯特·爱因斯坦文集》计划出版约 30 卷，将爱因斯坦的人生历程分为四个时期：《少年时光》（*The Early Years*，1879—1902），《瑞士岁月》（*The Swiss Years*，1900—1914），《柏林岁月》（*The Berlin Years*，1914—1933）和《普林斯顿岁月》（*The Princeton Years*，1933—1955）。到 2011 年春季为止已经出版了 12 卷：

- 第一卷。《少年时光（1879—1902）》，J. 施塔赫尔（J. Stachel）、D. C. 卡西迪（D. C. Cassidy）等编。
- 第二卷。《瑞士岁月：著书立说（1900—1909）》（*The Swiss Years：Writings*），J. 施塔赫尔、D. C. 卡西迪等编。
- 第三卷。《瑞士岁月：著书立说（1909—1911）》，M. J. 克莱因（M. J. Klein）、A. J. 科克斯（A. J. Kox）等编。
- 第四卷。《瑞士岁月：著书立说（1912—1914）》，M. J. 克莱因、A. J. 科克斯等编。
- 第五卷。《瑞士岁月：往来书信（1902—1914）》（*The Swiss Years：Correspondence*），M. J. 克莱因、A. J. 科克斯等编。
- 第六卷。《柏林岁月：著书立说（1914—1917）》（*The Berlin Years：Writings*），A. J. 科克斯、M. J. 克莱因等编。
- 第七卷。《柏林岁月：著书立说（1918—1921）》，M. 詹森（M. Janssen）、R. 舒尔曼（R. Schulmann）等编。
- 第八卷。《柏林岁月：往来书信（1914—1918）》（*The Berlin Years：Correspondence*），R. 舒尔曼、A. J. 科克斯等编。
- 第九卷。《柏林岁月：往来书信（1919 年 1 月—1920 年 4 月）》，D. 布赫瓦尔德（D. Buchwald）、R. 舒尔曼等编。

- 第十卷。《柏林岁月：往来书信（1920 年 5 月—1920 年 12 月）》，及《补充信函（1909—1920）》（*Supplementary Correspondence*），D. 布赫瓦尔德、T. 索尔（T. Sauer）等编。
- 第十一卷。《累积索引》（*Cumulative Index*）、《参考文献》（*Bibliography*）、《信件目录》（*List of Correspondence*）、《年表》（*Chronology*）、《勘误表》（*Errata to Volumes 1-10*），A. J. 科克斯、T. 索尔等编。
- 第十二卷。《往来书信（1921 年 1 月—1921 年 12 月）》，D. 布赫瓦尔德、Z. 罗森克兰茨（Z. Rosenkranz）等编。

上述几卷自 1987 年以来一直由普林斯顿大学出版社出版。

法文作品选集，共 6 卷。由法国国家科学研究中心的一个小组辑选、翻译和注释的文本，法国国家科学研究中心和塞伊出版社，于 1989—1993 年出版：

- 第一卷。《量子》（*Quanta*）。
- 第二卷。《相对论 I》（*Relativités I*）。
- 第三卷。《相对论 I》（*Relativités II*）。
- 第四卷。《法国的通信》（*Correspondances françaises*）。
- 第五卷。《科学、伦理学、哲学》（*Science, éthique, philosophie*）。
- 第六卷。《政治著作》（*Ecrits politiques*）。

［法］弗朗西斯·巴里巴尔：《阿尔伯特·爱因斯坦的物理学、哲学、政治学》，塞伊出版社，“科学观点”系列，2002 年。（本书参考以上参考文献）
Albert Einstein. Physique, philosophie, politique, textes choisis dans la référence précédente et présentés par Françoise Balibar, Paris, Le Seuil, coll. Points-Sciences, 2002.

［德］爱因斯坦，L. 英费尔德：《物理学的演变：从早期概念到相对性与量子的思想发展》，弗拉玛里翁出版社，1938 年。
［德］爱因斯坦，L. 英费尔德：《物理学的进化：从早期概念到相对性与量子的思想发展》，帕约出版社，1963 年。（法语版）

The Evolution of Physics. The Growth of Ideas from Early Concepts to Relativity and Quanta (en collab. avec Infeld, L.), trad. fr. : *L'Évolution des idées en physique, des premiers concepts aux théories de la relativité et des quanta*, Paris, Flammarion, 1938 ; Paris, Payot, 1963

《科学概念》，弗拉玛里翁出版社，1990 年。
Conceptions scientifiques, Paris, Flammarion, coll. Champs, 1990.

传记著作

[法] 西尔维奥 · 贝尔吉亚：《爱因斯坦：时代之父》，贝林出版社，“为科学”系列，2004 年。
Bergia, Silvio, *Einstein. Le père du temps moderne,* Paris, Belin, coll. Pour la science, 2004.

[美] 丹尼斯 · 布赖恩：《爱因斯坦：一种人生》，约翰威立国际出版集团，1996 年。
[美] 丹尼斯 · 布赖恩：《爱因斯坦》，拉封出版社，1997 年。(法语版)
Brian, Denis, *Einstein : A Life,* New York, John Wiley, 1996 ; trad. fr. : *Einstein,* Paris, R. Laffont, 1997.

[美] 戴维 C. 卡西迪：《爱因斯坦与我们的世界》，阿默斯特，纽约，人文图书公司，1998 年。
Cassidy, David C., *Einstein and Our World,* Amherst, New York, Humanity Books, 1998.

[法] 弗朗索瓦 · 德 · 克洛塞：《不要告诉上帝该怎么做》，塞伊出版社，2004 年。
De Closets, François, *Ne dites pas à Dieu ce qu'il doit faire,* Paris, Le Seuil, 2004.

[法] 阿尔布雷克特 · 弗林辛：《阿尔伯特 · 爱因斯坦：爱氏传记》，苏尔坎普出版社，1993 年。
[法] 阿尔布雷克特 · 弗林辛、[美] E. 奥泽斯译：《阿尔伯特 · 爱因斯坦：传记》，维京出版公司，1997 年。(英语版)
Fölsing, Albrecht, *Albert Einstein, Eine Biographie,* Francfort, Suhrkamp, 1993 ; trad.

angl. E. Osers : *Albert Einstein. A Biography.* New York, Viking, 1997

［德］菲利普·弗朗克：《阿尔伯特·爱因斯坦：他的一生和时代》，保罗·利斯特·弗尔格出版社，1949 年。
［德］菲利普·弗朗克、［法］A. 乔治译：《爱因斯坦：他的一生、他的时代》，阿尔宾·米歇尔出版社，1950 年。（法语版）
Frank, Philipp, *Albert Einstein, sein Leben und seine Zeit,* München / Leipzig / Freiburg, Paul List Vlg., 1949 ; trad. fr. A. George : *Einstein, sa vie, son temps,* Paris, Albin Michel, 1950 ; rééd., 1968 ; republié Paris, Flammarion, coll. Champs, 1991.

［美］巴尼什·霍夫曼、埃伦·杜卡著：《阿尔伯特·爱因斯坦：创造者和反叛者》，维京出版公司，1972 年。
［美］巴尼什·霍夫曼、埃伦·杜卡著，［法］M. 曼利译：《阿尔伯特·爱因斯坦：创造者和反叛者》，塞伊出版社，1975 年。（法语版）
Hoffmann, Banesh (en collab. avec Dukas, Helen), *Albert Einstein, Creator and Rebel,* New York, Viking, 1972 ; trad. fr. M. Manly : *Albert Einstein, créateur et rebelle,* Paris, Le Seuil, 1975.

［美］弗雷德·杰罗姆：《爱因斯坦档案：埃德加·胡佛与世界最著名科学家的秘密战争》，圣马丁出版社，2003 年。
［美］弗雷德·杰罗姆、［法］N. 德科斯特译：《爱因斯坦……美国联邦调查局的叛徒》，弗里森 罗氏出版社，2005 年。（法语版）
Jerome, Fred, *Einstein File. J. Edgar Hoover's Secret War against the World's Most Famous Scientist,* New York, St Martin's Press, 2003 ; trad. fr. N. Decostre : *Einstein... un traître pour le FBI,* Paris, Éditions Frison-Roche, 2005.

［法］雅克·梅洛－庞蒂：《爱因斯坦》，弗拉玛里翁出版社，1993 年。
Merleau-Ponty, Jacques, *Einstein,* Paris, Flammarion, 1993.

［美］亚伯拉罕·佩斯：《狡黠的上帝：爱因斯坦与科学的一生》，牛津大学出版社，1982 年。
［美］亚伯拉罕·佩斯，［法］C. 让穆然译：《阿尔伯特·爱因斯坦：他的生活与工

作》，Interéditions 出版社，1993 年。（法语版）
Pais, Abraham, *Subtle is the Lord : the Science and the Life of Albert Einstein*, Oxford University Press, 1982 ; trad. fr. C. Jeanmougin : *A. Einstein, la vie et l'œuvre*, Interéditions, 1993.

［美］约瑟夫・施瓦茨：《给初学者读的爱因斯坦》，万神殿图书公司，1979 年。
［美］约瑟夫・施瓦茨：《给初学者读的爱因斯坦》，马斯佩罗出版社，1980 年。（法语版）
Schwartz, Joseph et MacGuiness, Michael, *Einstein for Beginners*, New York, Pantheon Books, 1979 ; trad. fr. : *Einstein pour débutants*, Paris, Maspéro, 1980.

［日］杉本健二：《阿尔伯特・爱因斯坦：插图传记》，莫斯合伙人出版社，1987 年。
［日］杉本健二：《阿尔伯特・爱因斯坦：插图传记》，贝林出版社，1990 年。（法语版）
Sugimoto, Kenji, *Albert Einstein, die kommentierte Bilddokumentation*, Gräfelfing, Moos and Partner, 1987 ; trad. fr. : *Albert Einstein. Biographie illustrée*, Paris, Belin, 1990.

往来信件

以法文出版了 4 本文集：

［法］P. 斯佩齐亚利编：《阿尔伯特・爱因斯坦与 M. 贝索的通信（1903—1955）》，赫尔曼出版社，1955 年。
A. Einstein, M. Besso, Correspondance 1903-1955, P. Speziali, Paris éd., Hermann, 1972.

［德］A. 爱因斯坦，M. 博恩，［法］P. 莱恰译：《通信（1916—1955）》，塞伊出版社，1972 年。
A. Einstein, M. Born, Correspondance 1916-1955, trad. fr. P. Leccia, Paris, Le Seuil, 1972.

［法］莫里斯・索洛文编译：《爱因斯坦・阿尔伯特致莫里斯・索洛文的信》，戈捷－维拉尔出版社，1956 年。
Einstein Albert, lettres à Maurice Solovine, éd. et trad. M. Solovine, Paris, Gauthier-Villars, 1956.

［法］E. 考夫曼译:《阿尔伯特·爱因斯坦与 M. 玛丽：爱与科学之信》，塞伊出版社，1993 年。

A. Einstein, M. Mari´c, Lettres d'amour et de science, trad. fr. E. Kaufmann, Paris, Le Seuil, 1993.

插图目录

格尔博士基金会的爱因斯坦档案馆，伯尔尼。

012　爱因斯坦未来的妻子米列娃·玛丽克的肖像照片，馆藏信息同上。

014　爱因斯坦在伯尔尼专利局的照片，1902 年。

015 上　爱因斯坦和他的同学马塞尔·格罗斯曼、古斯塔夫·盖斯勒、欧根·格罗斯曼，在苏黎世附近的塔尔威尔，1899 年照片，藏于苏黎世联邦理工学院档案馆。

015 下　1902 年，爱因斯坦在伯尔尼的一份报纸上刊登了一则家教广告，提供了数学和物理课程。

016 上　苏黎世大都会咖啡馆内部，19 世纪与 20 世纪之交的照片，藏于苏黎世城市规划档案馆。

016 中　奥林匹亚学院创始人康拉德·哈比希特、莫里斯·索洛文和阿尔伯特·爱因斯坦的合影，藏于马克斯·弗吕克格尔博士基金会的爱因斯坦档案馆，伯尔尼。

017　爱因斯坦夫妇与他们的长子在苏黎世的合影，1904 年。

018　14 岁的爱因斯坦，照片。

第二章

019　麦克斯韦肖像照，约 1870 年。

021 左　牛顿筹备出版《自然哲学的数学原理》的手稿，1685 年。

021 右　牛顿的《自然哲学的数学原理》封面，1737 年伦敦出版。

022　伽利略关于船只移动速度的实验，电脑绘图。

023　惠更斯《光论》封面和部分插图，1690 年。

024 ~ 025 下　惠斯通制作的模型，说明麦克斯韦关于光传播的理论，藏于伦敦科学博物馆。

024 上　剑桥三一学院内部，埃里希·莱辛拍摄。

026 左　麦克斯韦“以太”示意图。

026 ~ 027　阿尔伯特·迈克耳孙在干涉仪前的照片，约 1910 年。

027 左　光的分解，巴黎发现宫。

027 右　放射光谱，照片。

028 下　光的干涉条纹照片，巴黎发现宫。

028 ~ 029 上　场离子显微镜下看到的分子铂。

029 下　灯泡内的钨丝的照片。

030　爱因斯坦在苏黎世的照片，1912 年。

第三章

031　爱因斯坦亲手书写的公式。

032 左　1905 年在莱比锡 出版的《物理年鉴》杂志的书名页，爱因斯坦在其中发表了他的第一篇文章。

032 右　（叠图）马克斯・普朗克肖像，藏于美国物理研究所，埃米利奥・塞格雷视觉档案馆，纽约。

033 上　伯尔尼专利局内部的照片，19 世纪与 20 世纪之交，藏于马克斯・弗吕克格尔博士基金会的爱因斯坦档案馆，伯尔尼。

033 下　路德维希・玻尔兹曼的照片，约 1890 年。

035　肥皂泡薄膜的干涉观察照片，巴黎发现宫。

036　美国一个霓虹灯的细节照片。

038　苏黎世联邦理工学院的爱因斯坦实验室，埃里希・莱辛拍摄。

039　1905 年，爱因斯坦在纽约美国物理研究所讲授电学课程。

040　爱因斯坦亲手书写的相对论定义。

041　爱因斯坦亲手书写的质能方程（$E=mc^2$）。

043　μ 介子在威尔逊云室的衰变照片，1948 年。

044　乔治・伽莫夫《汤普金斯先生梦游仙境》中绘制的插画，解释爱因斯坦的时空相对论，1940 年。

046 ~ 047 上　爱因斯坦在巴黎旅居期间的漫画，《作品》，1922 年 4 月 10 日。

046 ~ 047 下　诺贝尔物理学奖委员会致保罗・朗之万关于爱因斯坦获得诺贝尔奖的信，1922 年 1 月，巴黎发现宫。

048　爱因斯坦，1921 年照片。

第四章

049　关于时间相对性的漫画，《作品》，1922 年 4 月 10 日。

050 ~ 051 上　爱因斯坦《相对论基础》手稿，1916 年出版。

050 ~ 051 下　《戈尔康德》油画（细节），勒内・玛格利特，1953 年，藏于休斯敦。

052　牛顿万有引力理论的漫画，载于克拉布（Clubbe）的《人像学》，1763 年。

053　伽利略在比萨斜塔塔顶的自由落体实验，19 世纪雕刻。

054　　　　爱因斯坦和他的同事在苏黎世联邦理工学院合影。

054 ~ 055 中　（叠图）柏林威廉皇帝物理研究所照片，1912 年。

055 上　　　马塞尔・格罗斯曼肖像照。

056 ~ 057　　爱因斯坦在苏黎世的工作桌，埃里希・莱辛拍摄。

058 ~ 059　　证明广义相对论的方程，爱因斯坦手稿。

061　　　　爱因斯坦空间弯曲概念的表现，由乔治・伽莫夫绘制的插画，载于《汤普金斯先生梦游仙境》，1940 年。

062 ~ 063　　呈现空间形变与存在物体质量关系的示意图，计算机绘图。

064　　　　爱因斯坦，1930 年照片。

第五章

065　　　　一张法国工人向爱因斯坦表达崇拜之情的明信片，1922 年 3 月 6 日。藏于耶路撒冷希伯来大学爱因斯坦档案馆。

066 和 067　　爱因斯坦在纽约的照片，约 1920 年。

067 中　　　洛伦兹寄给爱因斯坦的电报，通知实验证实了他的相对论，1919 年 9 月 22 日，藏于耶路撒冷希伯来大学爱因斯坦档案馆。

068　　　　《画报》封面，1919 年 12 月 14 日。

069　　　　爱丁顿在波茨坦天文学大会上的照片，1921 年 9 月。

070 上　　　1919 年 5 月在巴西索布拉尔拍摄的日全食，载于《科学与生活》，1919 年。

070 下　　　1919 年日全食，证实了光线曲率理论的图文并茂的文章，载于《伦敦画报》，1919 年 11 月 22 日。

072 ~ 073 上　1921 年 7 月 31 日柏林的和平示威照片。

073 下　　　1930 年 8 月 22 日无线电展览会在柏林举行开幕时，爱因斯坦的演讲照片。

074 上　　　爱因斯坦、西格蒙德・弗洛伊德和施泰纳赫的漫画，维也纳，1931 年。

074 下　　　1922 年国际联盟知识合作委员会在日内瓦举行会议，玛丽・居里和爱因斯坦的合影，巴黎发现宫。

074 ~ 075 中　1931 年 11 月 22 日《纽约时报》杂志头版。

075 上　　　1923 年，爱因斯坦和朗之万在柏林的反军国主义示威中，照片。

076 上　　　华沙犹太人区的照片，20 世纪初。

076 ~ 077 中　（叠图）爱因斯坦在 1924 年犹太学生会议上的演讲照片。

077 下　贝尔福勋爵在耶路撒冷希伯来大学落成典礼上的讲话，1925 年 1 月 4 日。

078 ~ 079 上　1936 年雅法骚乱照片。

079 下　（叠图）哈伊姆·魏茨曼肖像照。

080　爱因斯坦的漫画，刊登于《喧声》第 39 期，1933 年。

081 上、下　1934 年 3 月德意志第三帝国（纳粹德国）官方文件，剥夺了爱因斯坦的德国国籍。

081 中　1933 年 5 月 10 日，81 名纳粹分子和德国学生手持“非日耳曼”书籍的照片。

082 左上　爱因斯坦和妻子在波茨坦附近的卡普特，洛特·雅各比拍摄，1928 年。

082 右上 ~083 左上　爱因斯坦在长岛的亨廷顿，洛特·雅各比拍摄，1937 年。

082 下　爱因斯坦在他的帆船旁边，柏林，洛特·雅各比拍摄，约 1927 年。

083 左下　爱因斯坦和妻子在卡普特，洛特·雅各比拍摄，1928 年。

083 右　爱因斯坦在他的游艇里的照片，1949 年。

084　爱因斯坦拉小提琴的照片，1931 年。

085 上　在开往德国的“德意志”号游轮上演奏室内乐的照片，1931 年 3 月。

085 下　爱因斯坦为室内乐排练的照片。

086 上　（叠图）一张爱因斯坦崇拜者寄来的明信片，1946 年 8 月 2 日。藏于耶路撒冷希伯来大学爱因斯坦档案馆。

086 ~ 087　第一次原子试爆的照片，在新墨西哥州的洛斯阿拉莫斯沙漠附近，1945 年 7 月 16 日。

088　1947 年的爱因斯坦，菲利普·哈尔斯曼拍摄。

第六章

089　1925 年的尼尔斯·玻尔照片。

090 ~ 091　爱因斯坦在卡内基理工学院的演讲照片，1934 年 12 月 28 日。

091 右下　1927 年 2 月 23 日，爱因斯坦在柏林大学演讲的海报。

092　爱因斯坦 1931 年在柏林，与马克斯·普朗克和数位政府部长的合影。

093　1927 年在布鲁塞尔举行的索尔维会议照片，藏于巴黎科学院档案馆。

094　伽莫夫绘制的尼尔斯·玻尔、保罗·埃伦费斯特、泡利和爱因斯坦，为一个讽刺版本的歌德《浮士德》歌剧绘制，1932 年。

095　马克斯・德尔布吕克为 1932 年讽刺版本《浮士德》歌剧手绘海报。

096 下　保罗・埃伦费斯特肖像照，藏于美国物理研究所，埃米利奥・塞格雷视觉档案馆，纽约，玛格丽特・玻尔拍摄。

096 和 097 上　尼尔斯・玻尔和爱因斯坦之间的科学讨论，保罗・埃伦费斯特拍摄。藏于美国物理研究所，埃米利奥・塞格雷视觉档案馆，纽约。

098　黑板上爱因斯坦最后的计算照片，巴黎发现宫。

099　爱因斯坦在普林斯顿，洛特・雅各比拍摄，1938 年。

100　晚年的爱因斯坦照片。

第七章

101　处女座照片。

102　波茨坦爱因斯坦塔的全景图。

103 上　爱因斯坦在以他的名字命名的塔中，照片，1921 年。

103 下　埃里希・门德尔松设计的爱因斯坦塔的草图。

104 左　爱因斯坦的背影照片，恩斯特・哈斯拍摄。

104 ~ 105　（叠图）伽莫夫在《汤普金斯先生梦游仙境》中绘画的“量子老虎”，1940 年。

107　表现理解爱因斯坦理论相当困难的漫画，维姆・范维林根绘，1950 年，藏于爱因斯坦档案馆，伯尔尼。

108　罗伯特・庞德和格伦・A・雷布卡在哈佛大学测量爱因斯坦理论预测效应的实验，1960 年 4 月。

110 ~ 111 上　Abell–2218 星系团，距地球 20 亿光年，哈勃太空望远镜 2000 年 1 月拍摄。

111 下　20 世纪 60 年代研究员罗杰・彭罗斯的肖像照。

112　脉冲双星，艺术家的想象图。

113　从格林尼治皇家天文台望远镜发出的激光束，照片。

114 ~ 115　来自电影《黑洞》的图像，盖瑞・尼尔森导演，1979 年。

117　截自《华盛顿邮报》的图画。

118　爱因斯坦在美国全国广播公司前反对使用氢弹的公开讲话，照片。

资料与文献

119　爱因斯坦漫画，冈本一平绘。

121　　亨丽爱塔 · 勒维特肖像照。
123　　全球定位系统接收器。
124　　伽利略导航辅助系统卫星网络。
126　　亨利 · 庞加莱肖像照。
127　　索尔维物理会议的照片，布鲁塞尔，1911 年。
129　　爱因斯坦和米列娃合影。
130　　居里夫人肖像照。
132　　1932 年弗洛伊德写给爱因斯坦的信。
133　　国际合作研究所 1926 年会议照片。
134　　弗洛伊德照片，1931 年。
137　　爱因斯坦，“前德国犹太学者”漫画，刊载于比利时杂志《为什么不呢？》，1933 年。
138　　《红与黑》刊载的漫画，1933 年。
145　　爱因斯坦在威尔逊山天文台的照片，约 1931 年。
147　　爱因斯坦在摄像机前摆姿势，约 1920 年。
148　　爱因斯坦吐舌头，照片，1951 年。
151　　爱因斯坦在黑板上写下方程式，照片。

索引

C

D

E

F

G

H

J

W

X

Y

Z

图片版权

American Institute of Physics, New York 032d, 038, 096b, 096-97h, 119. Archiv für Kunst und Geschichte, Berlin 002, 014, 017, 032g, 050-051, 054-055, 064, 067, 073, 075, 82hg, 82hd, 082b, 083g, 085h, 092, 099, 147, 148. Archiv Jäger, Mannheim 008. Archives Einstein, Bibliothèque nationale, Berne 002g, 011b, 012, 016b, 033h, 107. Archives Unesco 132. Archives d'urbanisme, Zurich 016h. Bavaria 130. Bettman Archives, New York 053, 081, 085b, 089. Bettman Archives / Underwood Collection 086-087b. Bettman Newsphotos / UPI 048, 069, 077, 084, 108h, 108b. Bild Archiv Preussischer Kulturbesitz, Berlin 005, 018, 019, 033b, 076, 076-077, 080, 081, 090, 118, couv. J.-L. Charmet, Paris 049, 093h. Christophe L. 115. Ciel et Espace / ROE / AAO / D. Malin 10-11, 101. Ciel et Espace / NOAO couv. Cosmos / S.P.L. / Royal Greenwich 113. Dorling Kindersley, Londres 024-025. D.R. 004, 009h, 009b, 015b, 021g, 021d, 023, 026, 027, 031, 043, 046-047h, 052, 068, 070h, 074-075, 091, 093-094, 103b, 117, 137, 138. Éditions Dunod, Paris 044, 061, 104-105. Eidgenössische Technische Hochschule Bibliothek, Zurich 006, 007, 015h, 030, 054, 055, 129. Explorer / J. Brun 43. Explorer / Mary Evans Picture Library 074h. Giraudon / Photothèque René-Magritte. ADAGP 1993 050-051. Illustrated London News, Londres 070b. Imapress, Paris / Camera Press / Karsh 100. Imapress, Paris / Camera Press / Peter Trievnar 111b. Keystone, Paris 040, 145, 151. Magnum / Ernst Haas 2, 104. Magnum / Philippe Halsman 088. Magnum / Erich Lessing couv. 4-9, 024, 038, 056-057. Palais de la Découverte, Paris 027g, 028b, 035, 046-047b, 074b, 098. Photothèque EDF / SODEL / BDDP 029. Princeton University Press, Boston University, 2-11, 041, 058-059, 065, 067b, 086-087h. Roger-Viollet 003, 010h, 126, 127. Roger-Viollet / Boyer 026-027, 083. Roger-Viollet / FA 1. Roger-Viollet / Harlingue 079, 133. Sigmund Freud Copyrights, Londres 134. Coll. Sirot / Angel 004-005, 006-007. S.P.L. 110-111, 112, 121, 123, 124. Ullstein 001, 072-073, 078-079, 102, 103h.

文化篇

《卢浮宫：艺术回忆录》
《乔治·蓬皮杜艺术中心：被误解的博堡年代》
《文字：人类文明的记忆》

历史篇

《玛雅：失落的文明》
《庞贝：被埋没的城市》
《美索不达米亚：文明的诞生》
《印加：太阳的子民》
《阿兹特克：破碎的帝国命运》
《古埃及：被遗忘的文明古国》
《伊特鲁里亚：一个神秘的时代》

科学篇

《爱因斯坦：思想的快乐》
《玛丽·居里：科学的信仰》
《弗洛伊德：疯狂中的真理》
《达尔文：进化的密码》
《伽利略：星星的使者》
《宇宙的命运：大爆炸之后》

文学篇

《普鲁斯特：时间的殿堂》
《波伏瓦：书写的自由》
《托尔斯泰：伟大而孤独的文学巨匠》

艺术篇

《莫扎特：众神所爱》
《罗丹：天才之手》
《贝多芬：音乐的力量》
《毕加索：天才与疯子》
《达达主义：艺术的反抗》